写给上班族看的投资学

巴菲特投资思想精髓

张秀军◎著

中国经济出版社
CHINA ECONOMIC PUBLISHING HOUSE
·北京·

图书在版编目（CIP）数据

写给上班族看的投资学：巴菲特投资思想精髓 / 张秀军　著．—北京：中国经济出版社，2020.1
ISBN 978-7-5136-5825-6
Ⅰ．①写…　Ⅱ．①张…　Ⅲ．①巴菲特（Warren E.Buffett）–投资–经验
Ⅳ．①F837.124.8

中国版本图书馆CIP数据核字（2019）第173257号

责任编辑　李　丰　高晓晔
责任印制　巢新强
封面设计　任燕飞设计室

出版发行　中国经济出版社
印 刷 者　北京力信诚印刷有限公司
经 销 者　各地新华书店
开　　本　880mm×1230mm　1/32
印　　张　8.5
字　　数　244 千字
版　　次　2020 年 1 月第 1 版
印　　次　2020 年 1 月第 1 次
定　　价　48.00 元
广告经营许可证　京西工商广字第 8179 号

中国经济出版社 **网址** www.economyph.com **社址** 北京市东城区安定门外大街 58 号 **邮编** 100011
本版图书如存在印装质量问题，请与本社发行中心联系调换（联系电话：010–57512564）

本书使用说明

《写给上班族看的投资学：巴菲特投资思想精髓》是一本专门为上班族量身打造的通俗读物，全书共分为8章，每章4~8节。为了能让读者由浅入深、简单明了地掌握需要的基本知识，也为了节省读者的宝贵时间，本书在内容上尽量将专业的知识通俗化，从常识

书名

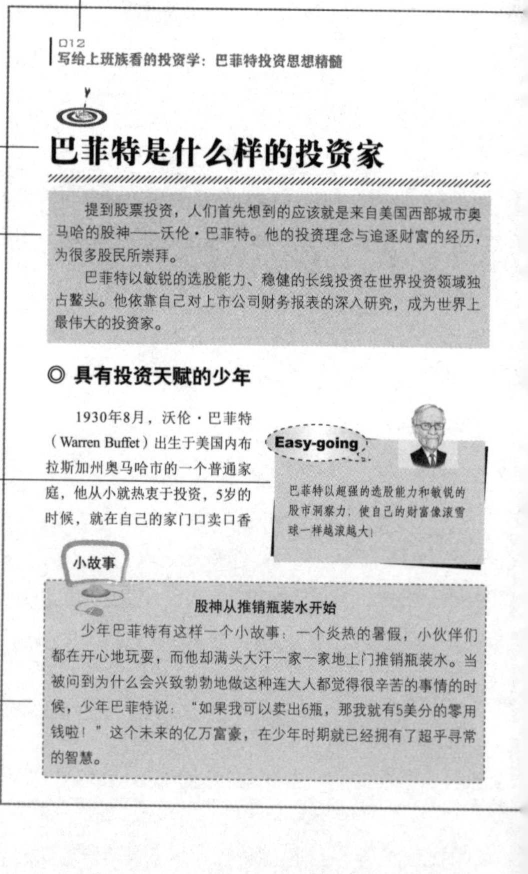

012
写给上班族看的投资学：巴菲特投资思想精髓

巴菲特是什么样的投资家

提到股票投资，人们首先想到的应该就是来自美国西部城市奥马哈的股神——沃伦·巴菲特。他的投资理念与追逐财富的经历，为很多股民所崇拜。

巴菲特以敏锐的选股能力、稳健的长线投资在世界投资领域独占鳌头。他依靠自己对上市公司财务报表的深入研究，成为世界上最伟大的投资家。

◎ 具有投资天赋的少年

1930年8月，沃伦·巴菲特（Warren Buffet）出生于美国内布拉斯加州奥马哈市的一个普通家庭，他从小就热衷于投资，5岁的时候，就在自己的家门口卖口香

Easy-going

巴菲特以超强的选股能力和敏锐的股市洞察力，使自己的财富像滚雪球一样越滚越大！

小故事

股神从推销瓶装水开始

少年巴菲特有这样一个小故事：一个炎热的暑假，小伙伴们都在开心地玩耍，而他却满头大汗一家一家地上门推销瓶装水。当被问到为什么会兴致勃勃地做这种连大人都觉得很辛苦的事情的时候，少年巴菲特说："如果我可以卖出6瓶，那我就有5美分的零用钱啦！"这个未来的亿万富豪，在少年时期就已经拥有了超乎寻常的智慧。

大标题

每章都有几个大标题，每个大标题为初学者揭示一个知识要点。

前言 引文

简明扼要地说明将要学习的知识要点，并对其重要性及其影响因素给予说明。

Easy-going

一针见血地指出需要注意的事项，提供一些经验诀窍或相关建议。

小故事

每章都有几个与大标题相关的事件或小故事，增加初学者的学习兴趣。

的角度来阐述高深的理论。

在阅读页面上，采用简单清晰的学习化界面加图解来辅助解释复杂的概念。此外，行文中还加上了意味深长的小故事板块，可以加深记忆，再加上能让人扩大知识面的More板块，使阅读本书成为一种享受。掌握了本书的内容，你就快速掌握了巴菲特投资思想精髓。

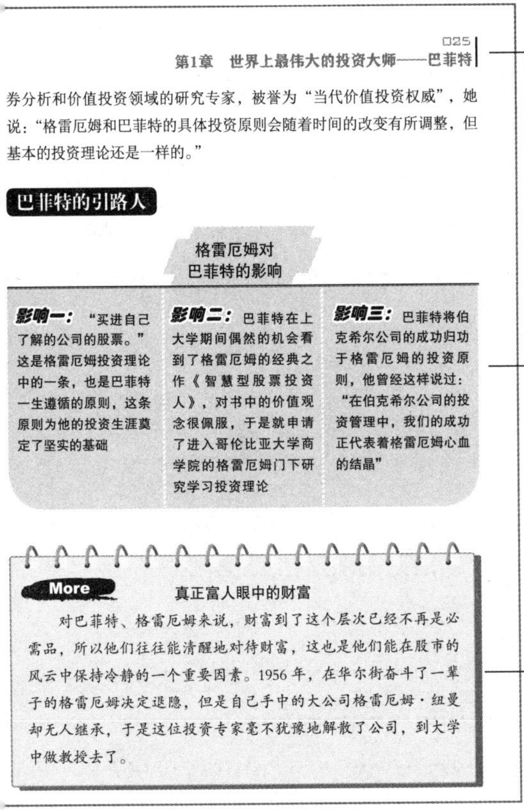
025

第1章　世界上最伟大的投资大师——巴菲特

券分析和价值投资领域的研究专家，被誉为“当代价值投资权威”，她说：“格雷厄姆和巴菲特的具体投资原则会随着时间的改变有所调整，但基本的投资理论还是一样的。”

巴菲特的引路人

格雷厄姆对巴菲特的影响

影响一：“买进自己了解的公司的股票。”这是格雷厄姆投资理论中的一条，也是巴菲特一生遵循的原则，这条原则为他的投资生涯奠定了坚实的基础

影响二：巴菲特在上大学期间偶然的机会看到了格雷厄姆的经典之作《智慧型股票投资人》，对书中的价值观念很佩服，于是就申请了进入哥伦比亚大学商学院的格雷厄姆门下研究学习投资理论

影响三：巴菲特将伯克希尔公司的成功归功于格雷厄姆的投资原则，他曾经这样说过：“在伯克希尔公司的投资管理中，我们的成功正代表着格雷厄姆心血的结晶”

More　真正富人眼中的财富

对巴菲特、格雷厄姆来说，财富到了这个层次已经不再是必需品，所以他们往往能清醒地对待财富，这也是他们能在股市的风云中保持冷静的一个重要因素。1956年，在华尔街奋斗了一辈子的格雷厄姆决定退隐，但是自己手中的大公司格雷厄姆·纽曼却无人继承，于是这位投资专家毫不犹豫地解散了公司，到大学中做教授去了。

章名

全面讲述了投资学所涉及的主要内容，每章讲述一个主题。

图解

为了让读者可以一目了然地理解书中概念，运用逻辑拆解法将概念间的关系做成图表分析的形式。

More

对文中没有说到的重要内容，在此进行补充说明。

目录

第3章 享受巴菲特的思想盛宴

第4章 巴菲特如何选择潜力股企业

第5章 学习巴菲特的成功投资组合

第6章 巴菲特的操作策略

第7章 巴菲特成功投资的经典案例

第7章 巴菲特切记的投资四大原则

第1章

世界上最伟大的投资大师——巴菲特

巴菲特是享誉全球的投资大师，被世人称为“股神”。那么，他究竟是一个什么样的人？又是怎样做到多年位列全球八大投资大师之首？又是怎么成功创建伯克希尔这样一个商业王国的？

让我们一同进入巴菲特神秘的内心世界，深入探讨这位股神的投资哲学以及他的奋斗历程。

本章教你：

- ▶股神巴菲特如何让你的资产增值
- ▶巴菲特买入什么样的股票
- ▶巴菲特生命中的贵人

巴菲特是什么样的投资家

提到股票投资，人们首先想到的应该就是来自美国西部城市奥马哈的股神——沃伦·巴菲特。他的投资理念与追逐财富的经历，为很多股民所崇拜。

巴菲特以敏锐的选股能力、稳健的长线投资在世界投资领域独占鳌头。他依靠自己对上市公司财务报表的深入研究，成为世界上最伟大的投资家。

◎ 具有投资天赋的少年

1930年8月，沃伦·巴菲特（Warren Buffet）出生于美国内布拉斯加州奥马哈市的一个普通家庭，他从小就热衷于投资，5岁的时候，就在自己的家门口卖口香糖。长大后，他就如同一个小领导一样带着很多同龄的小伙伴，去球场捡那些富人用过的高尔夫球，然后再倒卖给别人。他上中学的时候，不仅利用课余时间当报童，而且与其他伙伴一起将一种当时很流行的游戏机出租给那些小老板，以获取更多的钱。

◎ 奥马哈的神话

1941年，巴菲特刚刚11周岁，他买了一生中的第一只股票，开始踏入股市。1947年，他到美国著名的宾夕法尼亚大学读书，两年后，转到内布拉斯加大学林肯分校。

Easy-going

巴菲特以超强的选股能力和敏锐的股市洞察力，使自己的财富像滚雪球一样越滚越大！

小故事

股神从推销瓶装水开始

少年巴菲特有这样一个小故事：一个炎热的暑假，小伙伴们都在开心地玩耍，而他却满头大汗一家一家地上门推销瓶装水。当被问到为什么会兴致勃勃地做这种连大人都觉得很辛苦的事情的时候，少年巴菲特说："如果我可以卖出6瓶，那我就有5美分的零用钱啦！"这个未来的亿万富豪，在少年时期就已经拥有了超乎寻常的智慧。

1950年，巴菲特申请到美国的哈佛大学读书，但是遭到对方的拒绝，不久他考入美国另一所大学——哥伦比亚大学，在著名投资学理论学家本杰明·格雷厄姆的门下，巴菲特在他的指导下学到了很多知识和技巧，可以说格雷厄姆是巴菲特生命中的导师。

1957年，巴菲特的资金拥有量为30万美元，在当年的年底上升到了50万美元。1962年，巴菲特和别人合开的公司资产高达720万美元，其中属于巴菲特个人所有的资金有100万美元。1967年10月，巴菲特掌管的资金达到了6500万美元。1973年，巴菲特投资《波士顿环球》和《华盛顿邮报》，10年之后，巴菲特在这两家报业的投资从1000万美元上升到2亿美元。

1980年，巴菲特用1.2亿美元购买了可口可乐公司7%的股份。1985年，可口可乐公司改变了以往的经营模式，股票单价上升到51.5美元，翻了5倍。可以想象巴菲特赚了多少。

1992年，巴菲特购买了400多万股通用电气公司的股票，他以74美元1股买进，到年底公司股价上升到113美元，他的股票市值由3.22亿美元上升到4.91亿美元。

2007年3月，巴菲特的伯克希尔·哈撒维公司公布了2006年公司财政

巴菲特的资产

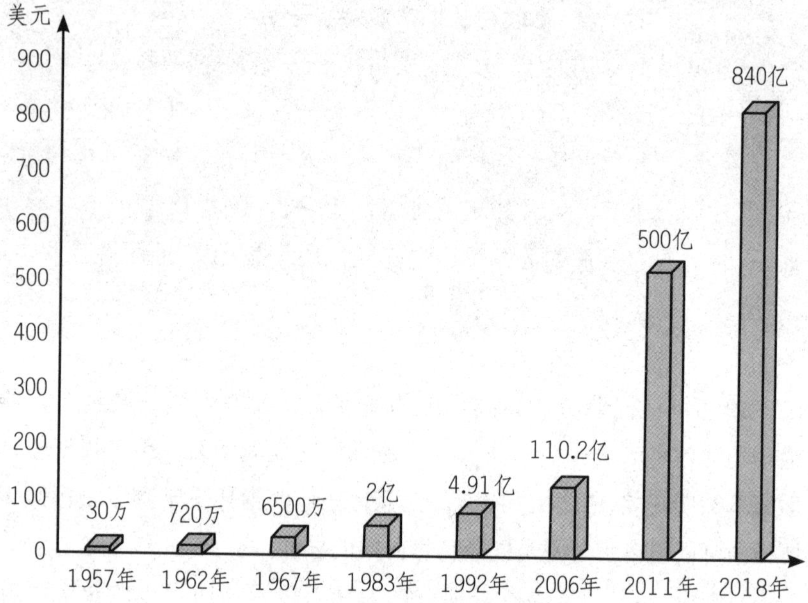

年度的业绩，公司2006年的利润增长了29.2%，收益高达110.2亿美元（比2005年同期的85.3亿美元高出很多），每股获利7144美元（2005年为5338美元）。2011年，巴菲特的资产排在世界第三，净资产高达500亿美元。

2017年，伯克希尔·哈撒维公司净值增653亿美元。

2018年1月4日，伯克希尔·哈撒维公司股价在美股开盘一路上涨，市值逼近5000亿美元，巴菲特的个人资产近840亿美元。

◎ 伯克希尔——巴菲特的商业王国

伯克希尔·哈撒韦公司（Berkshire Hathaway Cooperation）是巴菲特在1956年创立的，总部在美国，是世界著名的多元化投资集团，主营保险业务，在很多领域也有子公司，其中财产和灾害保险是公司最重要的业务。目前，伯克希尔公司持有全球知名企业的部分股权，如美国运通、可口可乐、吉列、华盛顿邮报等。其中，全资子公司——GEICO公司，是美国第六大汽车保险公司、第十大财产（伤亡）保险公司，该公司的子公司是世界上最大的四家再保险公司之一——General Re公司。

2007年，伯克希尔公司收购了怡口母公司（The Mormon Group）60%的股权，想在2014年之前，买进这家公司剩下的股权，价格将会按照怡口母公司未来的发展情况而制定。怡口母公司是一家包括100多个不同行业且独立的企业，也是一家国际性的大型公司，公司总收入达到70亿美元。其中，公司中的有些企业拥有约1.8万名员工，经营250多个生产领域，主要分布在北美、欧洲、英国和中国。

伯克希尔公司更是一家影响力巨大的投资控股公司，在全球所有保险公司中，股东们的净资产排在首位。它的经营范围很广，包括保

伯克希尔王国的缔造过程

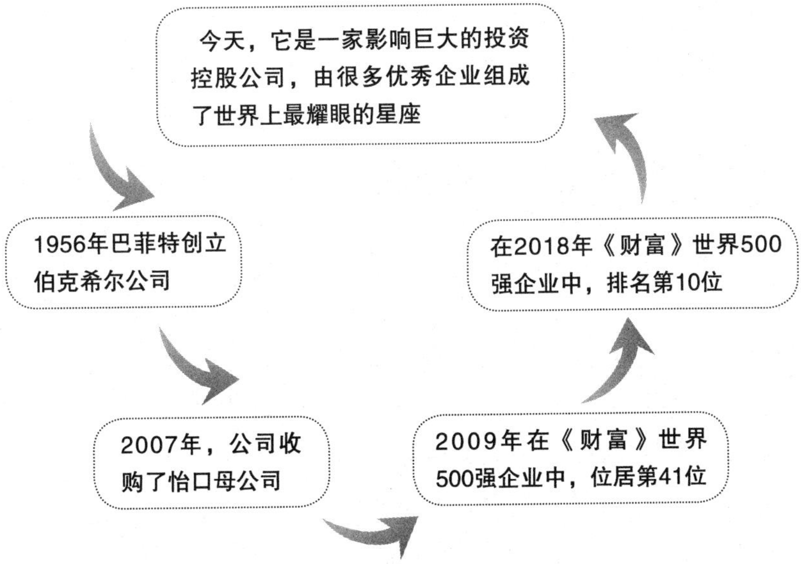

险业、媒体、多种经营、非银行性金融、联合大企业等，总的来说，伯克希尔是一家混合型公司。伯克希尔·哈撒韦公司在世界知名商业杂志《财富》2018年500强企业中，排名第10位。

投资实战

从胡润研究院2018年3月6日发布的2018年全球富豪榜可以看到，亚马逊创始人杰夫·贝佐斯居第1位，其资产为4600亿美元，夺得世界首富的宝座，排名第2位的就是拥有4250亿美元财富的股神巴菲特。

比尔·盖茨的财富增长

1. 1986年，净财富值3.15亿美元。

当年3月，比尔·盖茨于11年前联合创建的微软公司上市，他持有大约45%的微软股份。微软股票交易的第一天，股价从发行价格上涨了7美元，每股涨至28美元。比尔·盖茨以3.15亿美元财富首次荣登《福布斯》美国本年度富人榜。

2. 1987年，净财富值12.5亿美元。

市场日益增长的需求是对软件业发展潜力的推动力，强劲地推动着微软股价走高，微软股价涨至当初上市时发行价的6倍。比尔·盖茨因而成为一位拥有10亿美元财富的富翁。

3. 1990年，净财富值25亿美元。

微软推出Windows 3.0，到年底销售了200万件，微软也因此以年销售额超过10亿美元而成为第一家个人电脑软件公司。在一次会议上，比尔·盖茨提出了他的“Windows无处不在”战略。微软的股价继续大涨，盖茨的财富与前一年比翻了一番。

4. 1995年，净财富值148亿美元。

盖茨财富因微软股价上涨，在20世纪90年代上半叶稳定地攀升。1995年，微软推出了Windows 95个人电脑操作系统。该操作系统在上市4天内销售量就达到100万件。1995年，盖茨的另一大成就是亲自撰写了当时轰动一时的书——《未来之路》(*The Road Ahead*)，这本276页的书与其说是预测了微软和科技领域的未来走势，倒不如说是为人们描述了未来数字生活的景象。这本书被评为当年最为畅销书之一。

5. 1997年，净财富值398亿美元。

盖茨的净财富值与前一年比又实现了翻番，比美国第二大富翁巴菲特高出190亿美元。盖茨开始让自己变得不那么工作狂了，他在福布斯论坛上表示他待在办公室的时间减少了。

6. 1999年，净财富值850亿美元。

科技股的疯狂将盖茨的净财富值推高到850亿美元，他一年净增财富超过250亿美元，相当于每小时增加财富值300万美元。盖茨对《福布斯》杂志表示，他能够想象史蒂夫·鲍尔默(Steve Bellmer)在未来十年会接好他的班。

7. 2000年，净财富值630亿美元。

1999年，盖茨的净财富值曾一度攀升至1000亿美元。到2000年，盖茨的净财富值下降至630亿美元，这是盖茨净财富值遭受的第一次大幅度下降。科技泡沫的破灭和反垄断审判，迫使微软股价下降。他的慈善捐赠行为也开始降低着自己的财富值，盖茨把微软首席执行官职务让给了鲍尔默，而自己则担任微软董事会主席。

7. 2008年，净财富值580亿美元。

13年来，比尔·盖茨第一次不是全球最富有的人，他的财富值被投资家沃伦·巴菲特和墨西哥电信大亨卡洛斯·萨利姆·赫鲁超过。

8. 2018年，净财富值900亿美元。

到2018年，虽然比尔·盖茨不再居《福布斯》全球富豪榜榜首，但仍以900亿美元排名第二。

比尔·盖茨的财富增长图

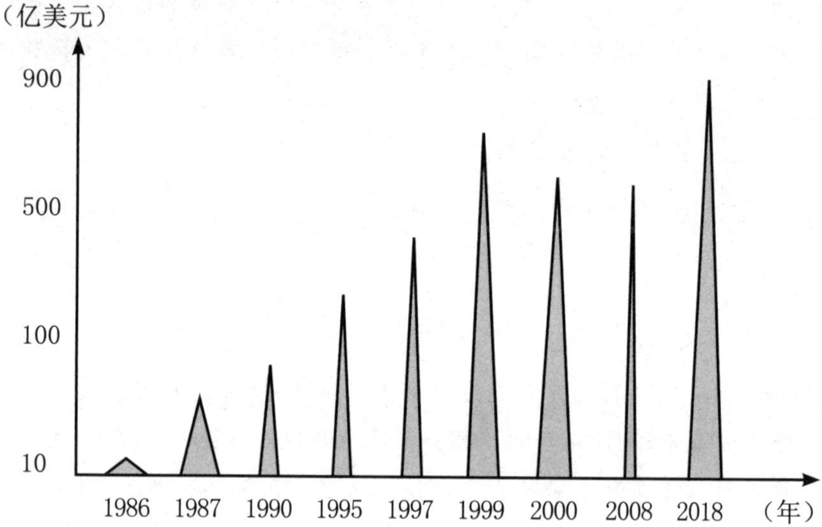

盖茨和巴菲特的比较分析

做实业投资还是做金融投资，这是一个极具辩论性的问题。实业投资周期较长，但构成了社会发展的主要基石，而且相对稳定。金融投资随着社会的发展也越来越显示出其不可或缺的作用，金融投资工具繁多，因果关系明确而快速。但是究竟哪一个更主流、更值得去做，似乎并不能给出一个非此即彼的答案。案例总是最具有说服力的。

然而，巴菲特的最后获胜，似乎给了我们很好的答案。相对来说，实业更容易受到经济大环境的影响，而金融投资则在市场环境的变化下更容易流动，从而选择依附新的利润增长行业，不断获取高额的利润。

巴菲特的人生恩师——格雷厄姆

巴菲特在内布拉斯加上大学的时候，偶然间读到号称美国“华尔街教父”的本杰明·格雷厄姆的经典书籍——《智慧型股票投资人》一书时，彻底被格雷厄姆的观点吸引。巴菲特在以后的投资生涯中，继承并发扬了格雷厄姆的价值投资理论。这位投资大师对巴菲特的投资生涯产生了非常深远的影响。

◎ 格雷厄姆的风采

1894年，本杰明·格雷厄姆出生在英国伦敦。中学时期，他不仅对文学、历史有很浓的兴趣，而且对数学无比的热衷。之后，他考入哥伦比亚大学继续深造。1914年，他从哥伦比亚大学毕业。为了给家庭增添收入，他找了一份报酬不错的工作，也因此放弃了在学校任教的好机会，在大学校长的强力推荐下，开始慢慢进入华尔街。

之后，格雷厄姆在美国纽约一家公司做了一名信息员，报酬不是很高，其主要职责是每天在黑板上贴上债券和股票价格。这份工作可以说是纽约证券交易所最底层的工作，但他的传奇性投资生涯却由此开始。

格雷厄姆40多岁的时候和朋友合著了一本书——《证券分析》，这本书不仅是美国华尔街的经典，也使得格雷厄姆名声大

Easy-going

这本在投资方面至今依然最有影响力的著作《证券分析》像一把钥匙，开启了股神巴菲特投资世界的大门。

噪。书中第一次提到了寻找“物美价廉”的股票和债券的方法，这本书从1934年问世开始，一直是人们最为关注的书籍，也因此被誉为“投资者的圣经”。

格雷厄姆作为投资领域的一代宗师，享有“华尔街教父”的美誉。他的金融分析学说和思想对后人产生了很大的影响，可以说以后三代重要的投资者均受到他的影响，今天活跃在华尔街的资产过亿的投资人都自称是格雷厄姆的崇拜者。

◎ 华尔街教父——格雷厄姆

格雷厄姆成长为华尔街金融教父的路程并不是一帆风顺的。30多岁的时候，格雷厄姆在“萨幅轮胎事件”中遭受第一次重创。

当时华尔街暗中盛行一种买入即将公开上市公司股票，待其上市后再从中套利的操作手法。格雷厄姆获得消息称，萨幅公司的股票将会上升，他没有经过仔细分析，便筹集一批资金大量购入了萨幅轮胎公司的股票。然而，这只股票的上涨实际上是幕后黑手的推动，在幕后黑手抛售股票后，格雷厄姆和其他投资者一样被套牢。

“萨幅轮胎事件”给格雷厄姆上了生动的一课，他得出两点经验：一是不要轻信他人的“内部消息”，二是对所有的股票保持高度的戒心。而这正是格雷厄姆成为华尔街教父的开始。

1920年，格雷厄姆又荣升为纽伯格·亨德森·劳伯公司的合伙人。他继续通过实践积累更多的经验。随着他取得一个又一个辉煌的胜利，他的投资技术和投资理念日渐成熟。

1923年初，格雷厄姆离开了纽伯格·亨德森·劳伯公司，决定自立门户。他成立了格兰赫私人基金，资金规模为50万美元。格雷厄姆决定以此为基础，大展宏图。他选中的第一个目标就是赫赫有名的美国化工巨头：杜邦公司。

1920年，美国化工巨头杜邦公司利用通用汽车公司正陷于暂时无法

小故事

巴菲特版“塞翁失马”

巴菲特在大学期间，是格雷厄姆门下22年以来唯一一个得到A+成绩的学生，他毕业后，恳求格雷厄姆让自己在他的投资公司工作。但是，格雷厄姆拒绝了这位具有投资天赋的学生的请求。最后，巴菲特回到家乡开始了自己的创业生涯。如果格雷厄姆答应了巴菲特的请求，那么结果会如何呢？也许世界上少了一个投资神话人物，而在格雷厄姆的公司中多了一名勤勤恳恳的员工。

偿还银行贷款的财务困境，通过一场蓄谋已久的兼并战，最终兼并了通用汽车公司。杜邦公司与通用汽车公司的兼并形成了两公司交叉持股的状况。1923年8月前后，由于“一战”结束，美国经济开始复苏，杜邦公司失去了军火暴利来源，股价急剧下滑，每股股价仅维持在297.85美元左右；而通用汽车公司则因汽车市场需求的大增使利润直线上升，每股股价高达385美元。

格雷厄姆注意到杜邦公司和通用汽车公司股价之间存在巨大的差距。经过分析，他认为由于杜邦公司持有通用公司38%以上的股份，而且这一份额还在不断增加，现阶段两种股票之间的价格差距其实是一种错误，而由股市造成的错误迟早都会由股市自身来纠正，市场不可能对明显的错误长久地视而不见，一旦这种错误得到纠正，就是有眼光的投资者获利之时。

于是格雷厄姆不仅大笔买进杜邦公司的股票，并且更大笔地卖出通用汽车公司的股票。这样，他就会因杜邦公司股票上涨和通用汽车公司股票下跌而双向获利。两个星期后，市场迅速对这两家公司股价之间的差距做出了纠正，杜邦公司股价一路攀升，升至每股365.89美元，而通用汽车公司的股票随之下跌，跌至每股370美元左右。格雷厄姆迅速获利，不算他卖出及买进通用公司股票之间的差价，单项投资回报率高达23%。这使格兰赫基金的大小股东们都赚了大笔的钱。

格兰赫基金运作一年半，其投资回报率高达100%以上，远高于同期平均股价79%的上涨幅度，但由于股东与格雷厄姆在分红方案上的意见分歧，格兰赫基金最终不得不以解散而告终。但这却让格雷厄姆意外地遇到了他的黄金搭档——杰罗姆·纽曼。纽曼具有非凡的管理才能，处理起各种繁杂的事务显得游刃有余，这使格雷厄姆可以腾出更多的精力来专注于证券分析，并制定投资策略。

在格雷厄姆看来，投机并不是一项好的投资，因为投机是建立在消息上的，其风险非常高。当股价已升至高档的上端时，很难说哪一只股票没有下跌的风险，即便是绩优股也不例外。所以，从严格意义上来讲，基于事实本身的投资和基于消息的投机，两者所蕴含的风险是截然不同的。如果一家公司真的营运良好，则其股票所含的投资风险便小，未来的获利能力一定比较高。同时，格雷厄姆还认为，风险在股市上是永远存在的，没有风险就没有股市，任何一个投资者要想成功，均需依靠行之有效的技巧来规避风险进而获利。格雷厄姆将期权买卖交易运用到规避投资风险上，为自己的投资组合设计了一整套系统的保险方案，如当一证券看涨时，仅花少许金额买下它的待买期权，待日后升值时再以约定价格低价买进；当某一证券看跌时，花少许金额买进其待卖期权，以便将来下跌后再以约定价格高价卖出。期权买卖利用其杠杆作用，可以以小博大，使得无论市场走向如何，都具有投资获利的潜力。即使对证券价格走向判断失误，其损失最多只限于购买期权时所投入的一小笔资金，而不至于一落千丈。

格雷厄姆规避风险的技术对于那些时刻担心自己的投资会因证券市场的变幻莫测而损失殆尽的投资者而言无疑是一种万全之策。格雷厄姆也因此在华尔街树立起了自己独特的信誉。

◎ 格雷厄姆的投资法

1. 价值投资。

评估一家公司的内在价值，再去选择是否投资，而不是依据市场的波动去投资。股票不是日常价格变动的参照物，仅仅代表公司的部分所有权。从短期来看股市是“投票机”，从长期来看则是“称重机”。

2. 分散投资。

投资者一般是创建一个广泛的投资组合，再把投资分布在多家公司中，其投资组合通常是采取多元化原则。这其中包括投资国债，以此来减少风险。

3. 规律性的投资。

投资固定数额的现金，要保持规律性的投资间隔，也就是人们说的平均成本法。这样如果价格较低时，投资者就可以购买相对比较多的股票；当价格较高时，投资者就应该减少购买股票的数额。如果暂时的价格会下跌，人们的收益就有上升的空间，这样卖掉股票时所得的财富会

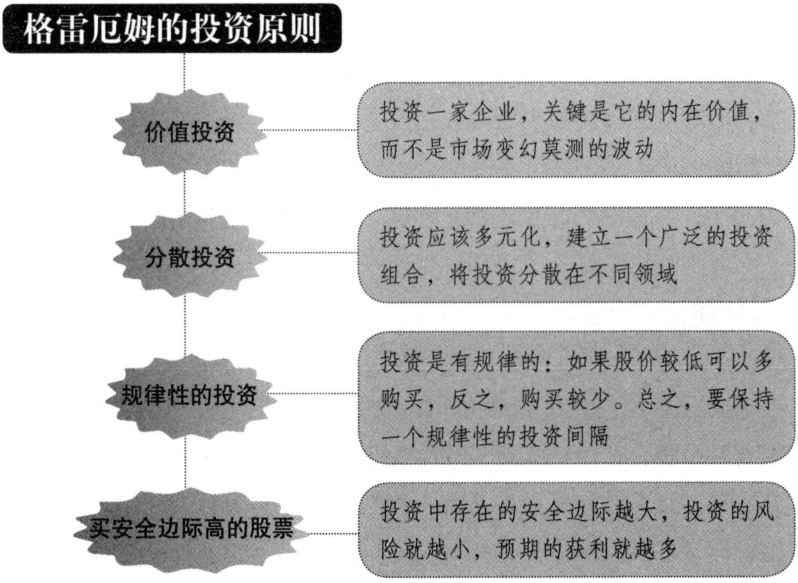

高于平均成本。

4. 购买安全边际高的股票。

投资者应该在价格和其估计出的股票价值之间有一个差价，这个差价被称为安全边际，安全边际越大，投资的风险越低，预期收益就越低、越大。

5. 利用平均成本法进行有规律的投资。

格雷厄姆给个人投资者的建议是，投资固定数额的现金，并保持有规律的投资间隔，即平均成本法。这样，当价格较低时，投资者就可以买进较多的股票和基金；当价格较高时，就少买一些。暂时的价格下跌会提供获利空间，最终卖掉股票时所得会高于平均成本，也包括定期的分红再投资。

◎ 对股神巴菲特的影响

格雷厄姆的投资理论对巴菲特的投资生涯产生了非常深远的影响。巴菲特曾经说过，格雷厄姆是对他商业生活影响最大的人，其投资思想，可以说是股神巴菲特投资策略的基石。巴菲特在早期，特别是在和别人合开公司期间所使用的投资思想，完全是模仿和实践格雷厄姆的投资策略。巴菲特独特的投资策略正是受恩师格雷厄姆的投资理论的影响才逐渐形成。

1976年，格雷厄姆与世长辞，不久之后，《金融分析师》杂志上就刊登了巴菲特写的《怀念本杰明·格雷厄姆（1894—1976年）》。由此可见，格雷厄姆对巴菲特的影响有多么巨大，二人之间的师生情谊有多么深厚。

巴菲特与格雷厄姆有很多相似之处，其中最大的共同点就是，他们都喜欢并愿意去教一些年轻人学会如何理性投资。除此之外，格雷厄姆、巴菲特以及他的投资伙伴查理·摩根都在试图告诉人们：你可以在很富有的同时保持很高的道德标准。珍妮特·洛尔是美国格雷厄姆证券分析和价值投资领域的研究专家，被誉为“当代价值投资权威”，她说：“格雷厄姆和巴菲特的具体投资原则会随着时间的改变有所调整，但基本的投资理论还是一样的。”

巴菲特的引路人

格雷厄姆对巴菲特的影响

影响一：“买进自己了解的公司的股票。”这是格雷厄姆投资理论中的一条，也是巴菲特一生遵循的原则，这条原则为他的投资生涯奠定了坚实的基础	**影响二：**巴菲特在上大学期间偶然的机会看到了格雷厄姆的经典之作《智慧型股票投资人》，对书中的价值观念很佩服，于是就申请了进入哥伦比亚大学商学院的格雷厄姆门下研究学习投资理论	**影响三：**巴菲特将伯克希尔公司的成功归功于格雷厄姆的投资原则，他曾经这样说过：“在伯克希尔公司的投资管理中，我们的成功正代表着格雷厄姆心血的结晶”

More　**真正富人眼中的财富**

对巴菲特、格雷厄姆来说，财富到了这个层次已经不再是必需品，所以他们往往能清醒地对待财富，这也是他们能在股市的风云中保持冷静的一个重要因素。1956年，在华尔街奋斗了一辈子的格雷厄姆决定退隐，但是自己手中的大公司格雷厄姆·纽曼却无人继承，于是这位投资专家毫不犹豫地解散了公司，到大学中做教授去了。

巴菲特买入什么公司的股票

在股市中做的第一步，就是买进股票。然而，在这个最重要的一环上，巴菲特并没有特别神奇的所在，他买进的公司的股票也是很多普通投资者接触过的股票。而神奇的地方就在这里，他买进的普通股票往往有着不普通的增长，这中间究竟有什么奥秘呢？

◎ 世界最大的饮料公司——可口可乐公司

可口可乐公司在1892年创立，是世界上最大的饮料公司，其总部在美国的佐治亚州亚特兰大，公司拥有全世界近一半的饮料市场占有率，以及世界上三大饮料的两项，即可口可乐和低热量可口可乐。可口可乐

小故事

可口可乐名字来历的趣闻

相传可口可乐是由一位医生给一位病人看病时发明的。有一天，一位病人来看病，这位医生给他开了一瓶药水。结果，当天晚上，那个病人喝完药水之后感觉很爽口，就拿着一个大桶来找这位医生，要和上次一样的药水，这个医生感觉很奇怪，但还是满足了那个病人的要求。第二天，那个病人带着很多人来到医生的家里，每个人都抢着买药水，并夸赞医生制造的药水很好喝。医生想这药水既可以治病，还是这么可口的饮料，就开一家“药水”制造厂吧，因为这药水很受人们喜爱，就顺理成章地被称为“可口可乐”。

拥有100多种饮料品牌，遍布世界200多个国家和地区，产品包括汽水、运动饮料、茶和咖啡等。它也是世界上规模最大的果汁饮料的经销商，雪碧是成长最快的饮料。

可口可乐的总裁保罗·奥斯丁，在1971年担任公司董事长后，开始大规模地进行多元化经营，如投资很多与可口可乐无关的项目，包括水净化、白酒、养虾等，导致公司的创造力日益下降。1983年，保罗·奥斯丁在公司其他人的强大压力下，被可口可乐公司的“教父”罗伯特·鲁道夫撤销了执行总裁的职务，最后让出生在古巴哈瓦那的拉美贵族后裔，毕业于耶鲁大学的罗伯特·戈伊苏埃塔任总裁。

罗伯特·戈伊苏埃塔大学毕业后一直在可口可乐公司做化学工程师，因为卓越的才智与优秀的管理能力，被罗伯特·鲁道夫任命为可口可乐公司总裁。

可口可乐公司的成长

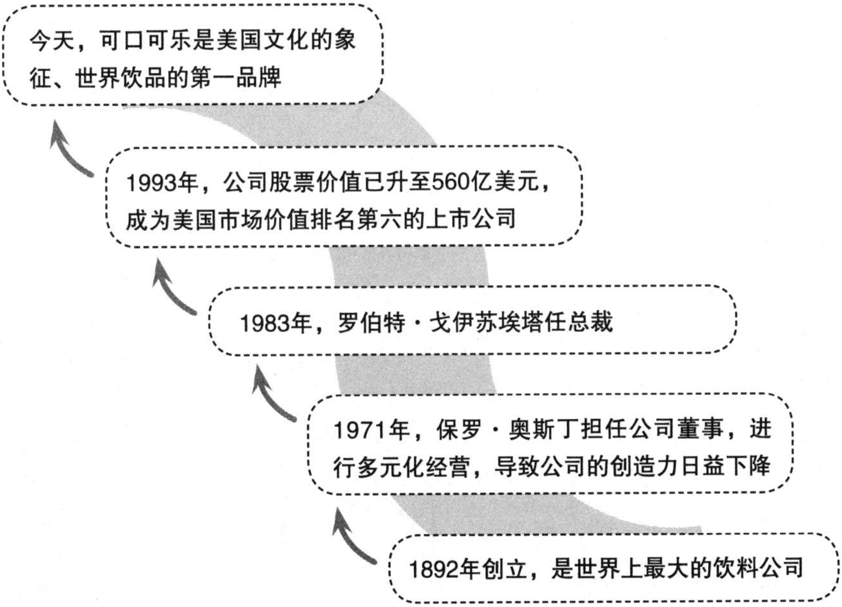

1993年，可口可乐公司的股票价值已升至560亿美元，成为美国市场价值排名第六的上市公司。在此以前的10年里，公司对每个投资者的总回报率很低，每年约1%，但是在罗伯特的掌管下，总回报率平均高达30%，着实让人振奋。

在戈伊苏埃塔担任总裁期间，可口可乐公司股票价值从开始的40多亿美元上升到1500亿美元，这是巨大的流动资金，他的投资策略取得了让世人惊骇的成就。如今，可口可乐已经是美国文化的象征，也是当之无愧的世界饮品第一品牌。

◎ 巴菲特选择投资可口可乐公司的理由

1988年，巴菲特在观察可口可乐公司长达50年后，才以5.93亿美元去购买可口可乐公司的股票。他对可口可乐公司的分析有以下几点：

1. 持稳的传统产业。

软饮料可以说是全球规模最大的产业之一，它的最大特点就是生产规模大、高利润、高现金流、低资本和回报率较高。

2. 简单易懂的业务。

可口可乐公司的业务流程是：公司买入原料，然后制成浓缩液，再销售给装瓶商。接着由装瓶商把制作而成的浓缩液再和其他特殊成分混合调配在一起，最后将制成的可口可乐卖给其他零售商，如超市、便利店、酒吧等，其公司业务很简单。

3. 高度的特许经营权。

一家企业最重要的资产是它塑造出来的品牌，而可口可乐已经是世界上最被广泛认

Easy-going

巴菲特对于可口可乐的投资，是“执子之手，与子偕老”的投资，尽管可口可乐也有不尽如人意的时候，但是他从来没有想过要抛弃它。“当你的妻子不再年轻貌美了，你会抛弃她吗？”巴菲特就是以这样一种态度来买可口可乐股票的。

同、最受尊重的著名品牌。

4. 稳固的行业领导地位。

从美国到日本，从中国长城到世界最长的珊瑚礁群——大堡礁，几百万人在一天的时间里就要喝掉10亿罐的可口可乐。全球近50%的碳酸饮料都是由可口可乐公司提供的，可口可乐的销量可以说是百事可乐的近3倍。如今，公司每天至少要向全球60多亿人卖出10多亿罐的可口可乐，而伯克希尔公司，拥有可口可乐公司股份中的8%，巴菲特每天可以获取其中1亿罐的销售利润。

5. 非凡的价值创造能力。

在可口可乐每年的年报中，企业的管理层都很重视股东的利益，尽量使他们的利益得到最大化。在罗伯特的领导下，公司的盈利从1979年的近4亿美元增长到约8亿美元，比之前奥斯丁在职时期增长了很多。而股权投资收益率增加了很多，1981—1988年，股东收益从2.62亿美元增加到8.28亿美元。

可口可乐公司的优势

6. 强大的销售系统。

可口可乐公司有一套其他公司无法相比的全球生产和销售系统。公司投入大量的资金在世界各地建立瓶装厂；也是世界巨型快餐连锁店最受欢迎和信赖的饮料供应商，如麦当劳、比萨店等，哪里有麦当劳，哪里就可以喝到可口可乐，哪里有超市和便利店，哪里就可以看到可口可乐；可口可乐自动售货机在美国和欧洲各国到处可见。

7. 持续的竞争优势。

巴菲特曾经惊叹道："就长期而言，可口可乐公司所面临的风险，比任何电脑公司或是通信公司都要少很多，可口可乐占全世界饮料销售量的44%，似乎没有哪家公司，可以像可口可乐一样长期以来具有很强的竞争力。"

8.专注的核心事业。

罗伯特提出的公司战略——"80年代的经营战略"，它的关键点就是集中投资在高收益的软饮料产业，而且要不断降低其资本成本。

投资实战

可口可乐跑赢大盘

背景

1981年，罗伯特·戈伊苏埃塔被选为可口可乐公司总裁。

戈伊苏埃塔决定进行大刀阔斧的改革，执行了新的折扣策略，优化了瓶装网络，改变了广告主题。在他的领导下，可口可乐退出了利润不佳的咖啡业、茶业、塑料制造业、酒业等非主干业务，转而投资增长潜力及与市场营销的协同作用巨大的娱乐业，1982年收购了哥伦比亚电影公司。并在1986年将51%的公司股份出售给公众。

投资实战

1988年，巴菲特在观察可口可乐长达50年后，斥资5.93亿美元购入可口可乐股票。

投资结果

2002年，世界股市大盘暴跌的一天。可口可乐在这一天不但没跌，而且稍有上涨，收益达近4美元。

之后，美国股市又开始了新一波的大牛市。2007年10月，标普500（记录美国500家上市公司的一个股票指数）最高上升到1576点，可以说是5年上涨一倍。而此时可口可乐的股价也升至近55美元。

2009年，全球金融危机到来，美国股市大跌，标普500在一年多的时间里暴跌到68%。这一时期可口可乐虽然有所下跌，但是下跌的幅度很小，相对来说，可口可乐跑赢了大盘。

分析

由此可见，一定不要轻易出售一家卓越公司的股票！

如果单纯地考虑股价，在21年的时间内，巴菲特投资可口可乐的前10年，可谓是大胜大盘，后11年虽然不及前10年，但是作为股东，巴菲特自始至终都是最大的获益者。

第2章

巴菲特独特的投资哲学

巴菲特的成功，归功于他拥有一套独特的投资理念、投资哲学与逻辑以及投资技巧。这些看似简单的操作方法，背后却隐藏着深刻的道理，如果人们可以领悟到并将其利用，便可以获取更多的财富。巴菲特以其独特、简单的投资思想和攻略，成为世界聚焦、当今世界具有传奇色彩的投资家。

本章教你：

▶ 如何把持有的股票当作企业的一部分

▶ 买进股票要有什么样的想法

▶ 投资怎样的公司

▶ 投资的关键点是什么

深入探索巴菲特的投资哲学

巴菲特认为，你购买的不是股票，而是企业。也就是说，股票投资其实就是拥有企业的一部分。所以，他告诉投资者，在进行投资时，一定要注重企业的内在价值，因为从长远看，企业的股票价格最后是会体现出企业的价值的。

◎ 像老板一样审视自己要投资的公司

“投资企业而非股票”是投资大师巴菲特的投资理念，他的投资哲学的思想在于购买的不仅仅是股票，而是企业。

巴菲特分析企业经营者主要有以下三个关键点：一是诚实，因为只有诚实的人才可以用公司经营者的眼光来经营一家企业；二是要遵循保

小故事

涨跌都在时间上

1973年，巴菲特在买入《华盛顿邮报》的股份时，其总市值只有8000万美元，而当时任何一个投资者想要购买《华盛顿邮报》的股份，至少要付4亿美元，但巴菲特却以这家邮报内在价值的1/4买入。在之后的两年中，公司股票价格连续不断地下跌，其投资总额从1973年的1000多万美元减少到第二年的800多万美元。三年过后，股票的价格比巴菲特当时购买的价格低。但是，巴菲特一直持有这家公司的股票，并没有放弃。最终，《华盛顿邮报》给巴菲特及其伯克希尔公司带来了不菲的收益。

守的财务策略，也就是用最少的钱，为股东们创造最多的财富；三是如果你很讨厌公司经理人花钱的方式，最好不要投资这家企业。

巴菲特一生坚守理性的投资原则，认为是投资企业本身而不是股票。巴菲特的伯克希尔公司投资的企业有很多，其中包括可口可乐、美国运通、华盛顿邮报等。巴菲特就是一直坚守这一投资理念，才将伯克希尔公司从一个曾经即将面临破产的纺织厂，发展到今天净资产达上千亿美元的巨型公司。

Easy-going

最聪明的投资方式就是把自己作为持股公司的老板，而且拥有的股份越多，你对公司的话语权越大，等于自己在不断地创业

作为一个聪明的投资者，不要太在意市场分析和某些人对宏观经济趋势的看法，只需要关注你想要投资的企业和它的行业。你所做的一切应该像一个企业经营者一样，去深入了解企业的管理层，懂得这个企业的优劣势在哪里，这样就会知道如何进行下一步。

有人可能会问，作为一个小投资者，手中的资金有限，拥有的信息量也有限，也许可以投入的时间也很少，像投资大师巴菲特那样购买

巴菲特式分析法

巴菲特分析企业经营者的关键点

- 诚实 → 只有诚实的人才能用经营者的眼光来经营企业
- 要遵循保守的财务策略 → 用最少的钱，为股东们创造最多的财富
- 如果你讨厌公司经理人花钱的方式，就不要投资

并拥有企业的人可能也会很少。其实，小投资者拥有巴菲特没有的自由与优势，以及更多的选股自由。此外，人们购买股票时的操作会简单很多，也不需要和别人谈太多，“市场先生”每天都会有一个详细的报价给你，你不需要多考虑其他因素，唯一考虑的问题就是企业与价格。

每一个投资者都应静下心来思考自己的问题出在哪里，如果你能认真做好每一步，不管这笔交易有多大，你在投资领域的成绩一定会好很多。投资的关键在于你买什么类型的企业，用什么价格买自己所选定的企业。投资者应该像企业的老板一样，去审视自己所投资的企业，这样才能做出科学合理的决策。

◎ 巴菲特的四条建议

投资者为什么要像企业老板一样去审视一家企业的多方面呢？这是因为你投资的不是股票本身，而是购买企业的一部分。你所收集的信息，将会影响你买进股票的股价，而你只有提前详细地去了解，也只有

巴菲特的投资建议

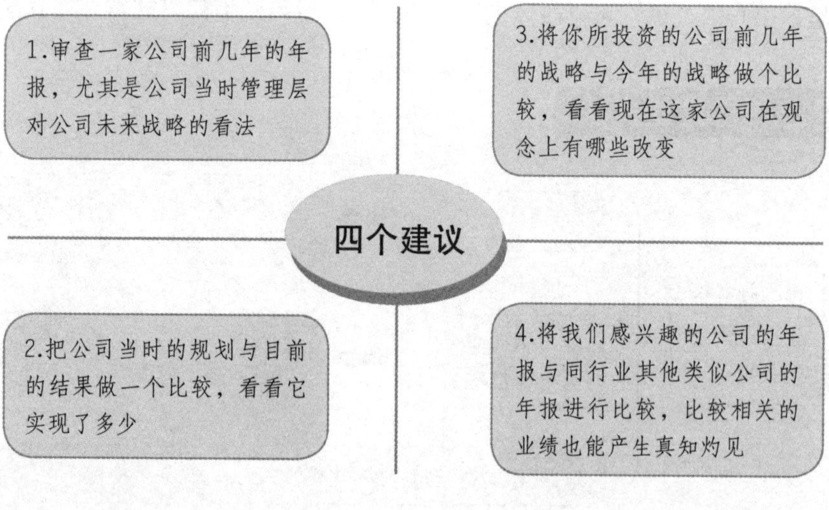

抱着一个企业所有者的心态去深入了解这家公司，才可以全部掌握企业方方面面的情况。如果你做到了这些，那你的投资就会离你想要的成功很近。

◎ 巴菲特的市场预测

巴菲特并不计算股票的特定价值，许多研究巴菲特投资方法的人都误解了这点。巴菲特的投资原则并不是：首都公司每股价值×美元，我可以用×美元的价买进（这是葛拉罕的投资原理）。

巴菲特在权衡投资时间的问题是："如果我买进首都公司的价格是每股×美元，在该公司的经济能力下，我能期望在持股10年后获利多少的年复利报酬率？"在计算得出预估年复利报酬率后，巴菲特便会拿它和其他投资标的做比较，同时考虑通货膨胀率，以得出实质报酬率。

More

报童巴菲特

从13岁开始，巴菲特就作为《华盛顿邮报》的报童给各家各户送报纸。到16岁的时候，巴菲特依靠送报纸、卖零食，就已经攒下了6000美元的财富，此时他的收入，比老师的收入还要高。巴菲特从不放弃赚钱的机会，在不影响学习的前提下，巴菲特尝试各种赚钱方法，为日后在投资方面获得巨大的成就打下了基础。

巴菲特预测市场

1.预估首都公司1990年的每股盈余。

1970—1980年，首都公司的每股净利从0.08美元上升至0.53美元，相当于年复利成长率约20%。如果我们以20%的年成长率来预估该公司1980

年—1990年的每股盈余，可得出其1990年的预估每股盈余为3.28美元。

2.预估首都公司1990年的股价。

首都公司1970年—1980年的本益比介于9~25倍之间，为免争议，就让我们像原美国总统里根那般保守——使用9倍本益比作为计算基础，因此，在预估1990年每股盈余3.28美元的情况下，首都公司1990年的预估股价为29.52美元（3.28美元×9＝29.52美元）。

3.预估于1980年买进、1990年卖出的首都公司股票年复利报酬率。

巴菲特预估首都公司在1990年的每股盈余为3.28美元，实际上，该公司当年的每股盈余是2.77美元，该公司在1990年的股价介于每股38~63美元之间，而我们的预估股价为29.52美元。若你在1990年以每股38美元卖出持股，那么你在1980~1990年这10年间的税前年复利报酬率为22.4%。如果你在1990年的卖出价格为每股63美元，那么你在这10年间的税前年复利报酬率是28.8%。

巴菲特与企业联姻

提起巴菲特，有人会称他为“选股高手”。然而，巴菲特却对“选股高手”这一评价不置可否。他的否认不是由于谦逊，其真正的原因在于，巴菲特认为选股和投资没有很大的关系。实际上，他认为真正的投资是购买企业，而非选股。

◎ 投资带来的股权稀释

很多人在投资股票的时候，都抱有这样想法：我的这份资金注入一家不怎么熟悉的公司，希望在一段时间后带来丰厚的利润，再在那个时间回收成本。投资者会把股票当成一种短期的投资行为，而没有真正熟识购买股票后的主权行为。

Easy-going

最聪明的投资方式就是把自己当作持股公司的老板。

事实上，股票就是公司的经营权，一个人一旦持有了股票，就是这家公司的主人。

不过，虽然拥有经营权，但是因为股份多少的问题，大部分股东对公司经营并没有直接的影响。

◎ 慎重选择

在巴菲特看来，购买一家企业就像是与它联姻——区别只在于他只能有一个妻子，但可以同时拥有多家企业。但是，每家企业对巴菲特来说都像是做出了一项重要承诺。这就是他只购买优质企业，并计划长期持有的原因。所有巴菲特的真正追随者都知道，这是他的制胜法宝。

巴菲特屡次提出购买企业和购买股票之间的区别，主张：投资者应该更像一个企业购买者、而非股票投机者那样思考问题。

巴菲特在进行一项大投资之前，总是对要投资的对象做长时间的研究。而那些一门心思想做快速交易的投资者则不需要考虑这么多的问题。

◎ 不轻言放弃

巴菲特指出，当优秀企业的经营面临问题时，投资者也应该坚持持有，就好像是维持一桩好的婚姻那样，要能同甘共苦。巴菲特说，他绝不会因为卖价高出内在价值很多就出售手中的优秀企业。即便是现在手中持有的、业绩不佳的企业，他绝不会再追加投资，可能会后悔当初的购买决定，但他还是极其不情愿卖掉它们。

这种看似不合理的投资行为，却能够长期带给股东最大收益。这很大程度上决定于巴菲特对购买企业和购买股票做出的区别。

在很多投资者看来，要想拥有一家企业，必须购买那家企业的股票，股票与股权相联系，而拥有企业的股权就等于拥有了这家企业。但是，在巴菲特看来，这种差别在于你应承担的商业承诺的大小。购买一家企业意味着你要给予严肃的承诺，而购买股票则几乎不需要承诺什么。

Easy-going

巴菲特说：“无论价格如何，我们都无意卖掉伯克希尔所拥有的优秀企业。同样，我们也不情愿卖掉任何次等企业，只要它们至少还能为我们带来一些现金收入，只要我们对它们的管理层和劳资关系还感到满意。”

企业投资者（不同于股票投机者）绝不会因为企业有一个季度未达到预期收益而造成股票有暴跌的趋势，就匆匆将它抛售。同样地，企业购买者也绝不会因为股价的突然飙升，导致利润增长比预期的要快，就卖掉它快速获得利润。这就是为什么巴菲特说即使他不能从中获得更多价值也绝不卖掉一家优秀的企业，而且只要业绩不佳的企业还能产生一定收益，就不会将它卖掉。

◎ 关键在于操控权

巴菲特要购买企业时，通常会收购整家公司。即使是上市公司，他也会买足够多的股票，以便成为这家公司的最大股东。然后他就对企业有绝对的操控权。

巴菲特常说，他不喜欢干涉优秀管理者的管理情况。实际上，他乐于购买经营良好的企业的原因之一，他就是喜欢躲在幕

Easy-going

华尔街名言："永远不要与股票联姻。"

企业投资者和股票投机者的区别

	企业投资者	股票投机者
业绩不佳的企业	不再追加投资	抛售
对管理方式等感到不满意的企业	行使自己的职能，去影响企业的决策	承担部分损失，卖掉股票，退出投资
投资期限	没有任何退出策略。即使有，也是以几年为投资策略	一门心思想做快速交易
企业未达到预期收益而造成股价有暴跌的趋势	继续持有	急忙抛售
企业股价突然飙升，导致利润增长比预期的要快	继续持有	快速获利

后，让懂得如何经营的人大显身手，而不是干预企业的日常经营。

但是和大部分投资者的最大不同，那就是如果他愿意，他完全可以左右企业的管理决策。这是一般投资者无法做到的。虽然巴菲特并不常这样做，但如果影响到了股东的权益，他就会行动起来。

事实上，大部分投资者都不能做到像巴菲特那样投资，他们买不起整起公司，甚至没有机会成为一家上市公司里一个有分量的股东。这就注定了他们只是股票投机者，只能靠分散投资来减小风险。

投资实战

背景

《华盛顿邮报》是美国首都地区最大、最古老的报纸，成立于1877年，并且在1880年成为华盛顿地区首家每日发行的报纸。

20世纪70年代，《华盛顿邮报》通过披露“水门事件”和该事件的后续政治动向，获得了美国国内读者的认可，被认为是“对国内政治最权威报道”的报纸。

2004年，《华盛顿邮报》获得了普利策奖中的18项，取得了举世瞩目的成绩。到今天，《华盛顿邮报》公司已经拥有了大量的附属传媒企业，市场上的股票价值总额超过50亿美元。而且，在年平均利润和市场股票价值方面，《华盛顿邮报》已经战胜了自己的对手《纽约时报》，成为美国新闻出版业的巨无霸。

投资实战

当巴菲特还是报童的时候，就将《华盛顿邮报》的路线弄得一清二楚。巴菲特在内布拉斯加大学期间担任《林肯》杂志社发行部主任的时候，跑遍了附近6个村的市场。后来，巴菲特掌管的公司不仅收购且经营《水牛城新闻晚报》，而且最终取得了非常大的成功。这些实际经历和丰富的经验，为他后来投资《华盛顿邮报》，以及进军美国传统三大广播电视公司之一的美国广播公司，都起到了巨大的作用。

投资结果

巴菲特于1974年被任命为邮报公司的董事，随后又担任该公司金融委员会的主席，上任后不久，他就向董事会建议，回购邮报公司的股票，20世纪70年代，企业界回购自家公司股份的做法可谓绝无仅有，在媒体界更为少见。

1975—1992年间，邮报公司买回自己发行股票的43%，平均每股以60美元买回，这等于用该公司目前价值的1/8，买回了超过40%的股份。

巴菲特为什么投资《华盛顿邮报》

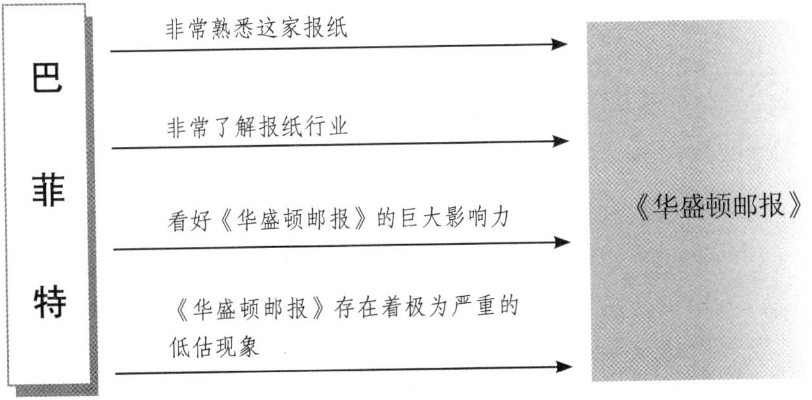

分析

1973年，《华盛顿邮报》公司总收入约为2亿美元，而且当时经过股市的极大动荡，该公司的估价约为4亿美元，并且在当时的投资市场上，大家对新闻传媒行业的投资热情并不高。

巴菲特在一次演讲中说："随便问问该公司的职员，询问该公司的资产价值如何，大多数人会回答说4亿美元左右。如果在大型拍卖会上对该公司进行拍卖，那么大约也会有人出4亿美元进行购买。他们的主管既实在又能干，而且将大部分个人净值都放在公司里，这种做法安全得叫人难以置信，我会放心大胆地把所有个人的净值放在这里，一点也不担心。"

巴菲特正是因为从细致的地方了解到《华盛顿邮报》的实际价值，"不走寻常路"，投资新闻传媒这一个"冷门"，才最终获得了巨大的成功。

要用“终生持有”的想法买进股票

巴菲特说：“如果你不打算持有一只股票十年之久，那连十分钟都不要拥有它。”这是巴菲特对股票投资的基本态度。他认为只要股票创造出高于平均水平的经济效益，且公司的管理层诚实可靠，那么这家公司的股票就要以“终生持有”的想法买进。

◎ 长期持有——远观企业未来的价值

巴菲特曾经说：“我最喜欢持有一只股票的时间是——永远”，这句话虽然听起来有些情绪化，但是却充分体现了股神巴菲特投资的耐力和定力。

由于股票最终是反映出社会经济增长的一大成就，一只期限很长的股票投资一定会给投资者带来丰厚的利润。长期持有优质企业的股票，会使投资者获得很高的报酬，利润会因你持有的企业成长而源源不断。巴菲特认为，如果一家企业能够持续成长，在没有任何负债或较少负债的状况下，用较少的资金就可以得到比市场平均水平高的权益资本收益率，且公司的管理层诚信并富有能力，企业的价格又不是太高，那么它就值得投资者长期持有。

Easy-going

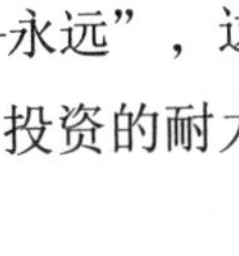

巴菲特说过：“复利就像从山上往山下滚雪球。”可见股票市场中，复利具有多么大的力量。

巴菲特在投资生涯中，他一旦买进某家公司的股票，就会做长期持有的打算，他认为没有任何理由值得他把优质企业卖掉。因为投资之前就是很看好企业的未来价值，如果仅仅是因为股票

长期持有获得利润的过程

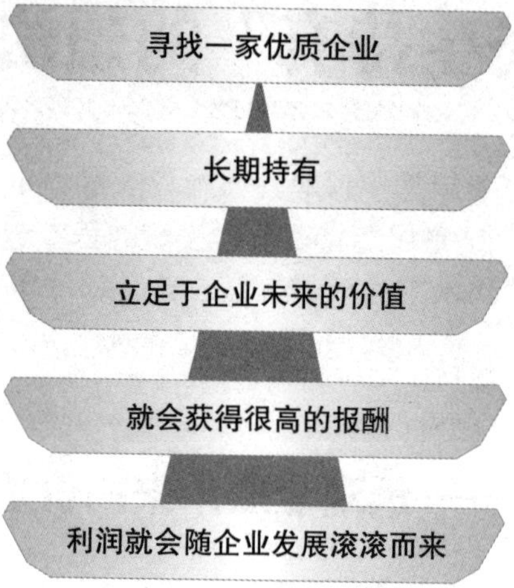

价格出现了一点点偏差就决定把它卖掉，是非常愚蠢的投资行为。巴菲特持股的最理想的期限就是永远，他认为只要企业依旧能够创造出高于平均水平的经济效益，且企业中的管理层仍然可以很理性地分配公司的收益，那么这只股票就应该继续持有。

巴菲特相信，过于频繁的市场交易，不会给他带来很高的利润，他坚信只要买进少数的几只优质股并且耐心等待它们的增值，就可以获得理想的收益。而实际上，巴菲特的投资也始终集中在他多年来所持有的少数优质企业的股票上，并且依靠这几只股票获得的财富占他所有财富的80%。

◎ 长期持有——复利倍增的魅力

巴菲特说过："哪怕股市倒闭一两年我也不在乎，毕竟股市每周六日都关闭，我从未为此着急过。"

不要小看你口袋里很不起眼的100元，因为它会拥有一个巨大的复利，如果你长期拥有它，这些“小钱”就能够产生令人震惊的巨大威力。假如你用1万元持续投资40年，并且每年的回报率都在10%左右，那么，过了40年你拥有的这1万元就变成了4525万元（1万×1.1^{40}）！

再假设，如果40年前你很幸运地遇到了一位像巴菲特一样出色的投资大师，你把持有的1万元交给了他，那么你所得到的平均年回报率就是20%，你的1万元就会变成146977万元（1万×1.2^{40}）。实际上，巴菲特在40多年的投资生涯中，所得到的平均年回报率已经超过了20%，巴菲特在投资过程中充分利用了复利的力量，所以他成为世界上最富有的人之一。但是复利也是一把威力巨大的“双刃剑”，它既能够为你创造财富，也能消减你的财富。所以，投资者应该真正去领悟复利的魅力所在。

Easy-going

1963年，巴菲特写信给自己的合伙人：“我们的合伙基金存在的根本原因就是要以高于平均水平的收益率复利增长，而且长期资本损失的风险比主要投资公司更低。”

复利就是人们将每一分盈利都换成投资的本金，而决定投资是否成功的三要素：一是投资者投入资金的数额；二是投资者实现的收益率情况；三是投资者投资时间的长短。成功的投资者与普通投资者最大的差距，就在于成功投资者能够充分利用好复利的效应。如果投资者对复利深刻理解，复利就会为投资者创造巨额财富。

复利倍增的魅力

在巴菲特的投资生涯中，从1959年的40多万美元到2007年高达520多亿美元，由此就可以计算出他在这48年中的年平均收益率是25%，或许会有不少投资者对此不以为然。但是综观全球又有谁能够在这么长的时期内达到这个收益率呢？因为在股市中，大多数的投资者都被贪婪、浮躁和恐惧等弱点支配，久而久之就成了股市中的一个投机者或是短期投资者，很少有人像股神巴菲特一样是一位真正的长期投资者。

市场中的那些短期投资者，很容易忽略长期投资所带来的巨大的复利收益。在市场中，资金的复利增长会为长期投资提供一个非常好的依据。而股神巴菲特显然懂得复利增长的魅力所在，在他的投

短期长期持有的结果

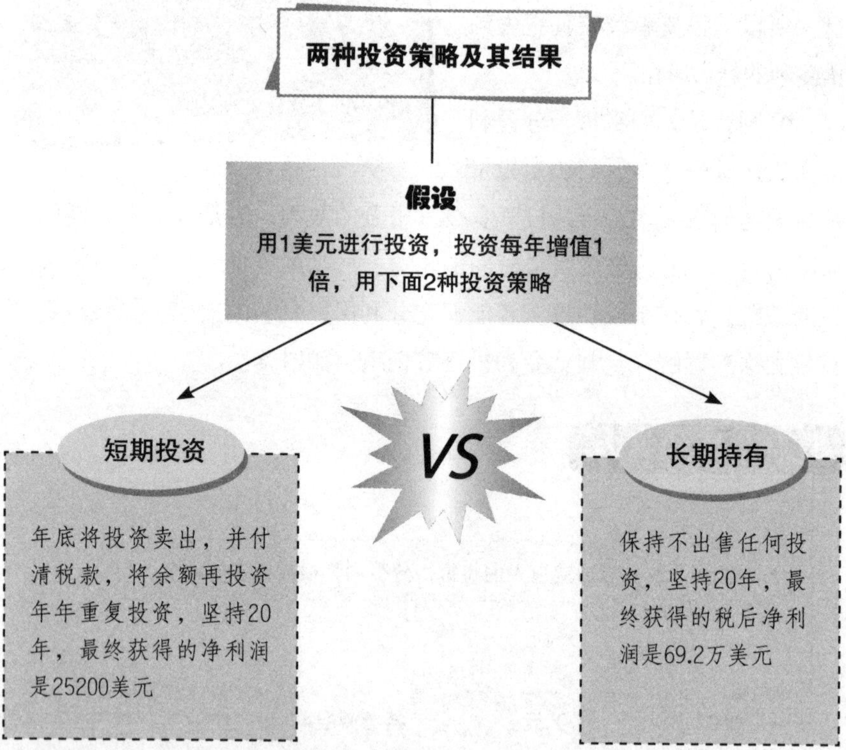

资中，投资年复利增长为28%之多，而他财富中大多数是由复利带来的。可见，在长期投资中，复利增长有着巨大的威力。

小故事

复利的效应

复利的效应被很多人误解，大家总是以想当然的态度去理解，曾经有人做过一项实验：如果你今天用1000元去投资某个你熟悉的领域，而你每年会拥有34%的复利报酬率，那么，请问40年后你所拥有的这1000元的投资会变成多少？很多被实验者的答案多数是1万～100万元。其中答案最高的是1000万元。但是最后他们还是回答错了，因为真正的答案是12000多万元，比1000万元多出10倍以上。所以，投资者应该真正去领悟复利效应，了解复利的奥妙，就会获得巨大的复利收益。

投资实战

在投资之前，每一位投资者打算进行长期持有投资的时候，首先需要测试一下自己究竟是投资者还是投机者。因为长期持有投资就类似于创业，而一般的投资则类似于投机取巧，投资者必须根据自身的个性选择合适的方式进行投资。

测测你是属于投机者还是投资者

1.你对自己持有企业的产品和服务感兴趣吗？

□是　　□否

2.你在投资前是否清楚了解公司的获利模式？

□是　　□否

3.你在投资前是否了解清楚公司的经营策略？

□是　　□否

4.你是否在自己的工作室设有多台电脑进行网络交易？

□是　　□否

5.你是否常常用手机和网络去查询股票的价格？

□是　　□否

6.你是否认为自己很擅长短线操作？

□是　　□否

7.你是否认为自己如果创业会比投资更加成功？

□是　　□否

投机者往往可能被投机，也就是说，因为幕后黑手的操作，会因为被投机而套牢；而投资者则是将投资视为创业，能跟随企业一起发展。在这几项测试中，如果你选择“是”在2个以上，那么你很可能属于投机者。不过没关系，认识到自己的不足，只要在以后的投资中逐渐地自我完善，你一定会成为一个优秀的投资家。

不要让市场主导自己的取向

每个投资者在踏入投资行业的时候，对市场都会有深入的感受，就是投资市场是动荡不安的。股价每时每刻都在发生着波动。有时候，股票的价格波动是非常剧烈的，对很多投资者来说，股价波动既是诱惑又是陷阱，所以，股价的波动会给广大投资者带来很大的影响。投资大师巴菲特认为，那些因股市波动而喜忧无常的人只是投机者，并不是真正的投资家。真正的投资家不会因股市的波动而轻易改变自己的方向。

◎“市场先生”如同“鳄鱼原则”

巴菲特认为投资家在面对市场的动向或股价的波动时，会对企业的竞争力、盈利能力和企业的发展前景做深入的评估，然后就会耐心地等待。对巴菲特而言，每日股票的价格波动对他的情绪不会有任何影响。巴菲特在投资生涯中很早就养成了这种不被股价波动影响的好习惯。巴菲特是智慧的，他明白要想获得比市场平均值更高的回报，就一定要做到这一点，不被市场主导。就好像在一场汽车拉力赛中，你一定要忍耐住颠簸，克服各种问题，才能走向成功。

有些投资者对市场波动过于敏感，这样的投资者在他看来是不明智的。过于敏感的投资者看到股价下跌的时候，会因非常害怕不安而想抛出自己的股票。这种情况就如同巴菲特所说：“这就好比你花了10万美元买下一栋房产，而后你告诉经纪人以8万美元把它卖掉，这真是愚蠢至极。”

一个真正的投资者，要想在投资市场中获得成功，耐心是必备的重要素质。巴菲特经常说，投资者只要买了自己满意的股票，即使交易所关门10年也无所谓。在投资过程中，忽略股价波动是每个投资者所需要努力学习的一门学问。事实上，股票的行情影响不了一家公司的发展前景，而投资者真正需要关心的是一家企业的业绩，并不是它的股票价格。

格雷厄姆传授给巴菲特一个非常重要的法宝，即价格波动是“市场先生”的报价。如果投资者将分析所选择的企业当作是最重要的工作，深入了解选择的上市公司整体情况，就会很快发现市场的趋势消失了，取而代之的是公司每天的报价。

对于市场的价格波动，巴菲特的恩师格雷厄姆有一个著名的“市场先生”的寓言：投资者设想一下自己在股票市场中与一个叫“市场先生”的人进行股票交易，“市场先生”的情绪很不稳定。所以，当他高兴的时候，他会将股票的价格报得很高，当他心情不好时，就会报出很

走向成功的方法

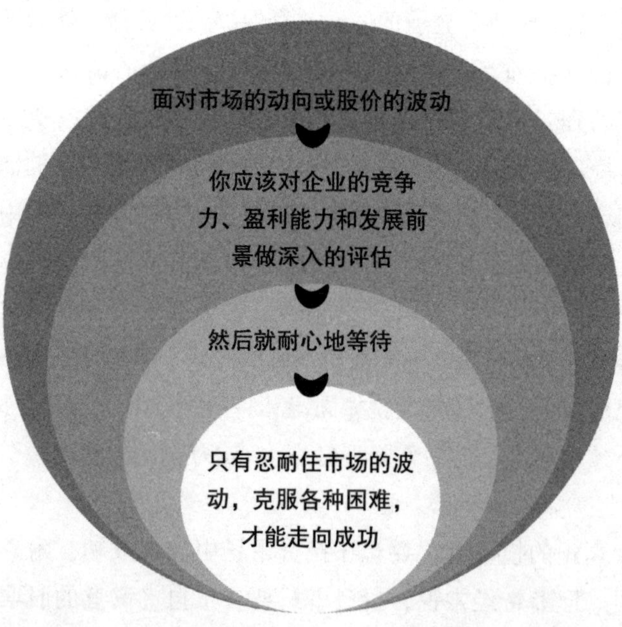

低的价格。简单来说，就是投资市场常常会犯错。这种情况对一个出色的价值投资者来说是个机会，因为他们会充分利用这种错误。再想象一下，在一次交易中，“市场先生”忽然很沮丧，报出了一个低得让人不敢相信的价格，那么在这种情况下，投机者往往会遵循“鳄鱼原则”而离开，而一个真正的价值投资者却恰好相反，会继续大胆地买进。这就是相同的价格主导下，呈现出的两种不同的投资策略。巴菲特这样告诉投资者：要把市场波动看作你的朋友而不是敌人。

小故事

鳄鱼原则

在投资市场中，什么是“鳄鱼原则”呢？在大自然中，假如水中的一只鳄鱼咬住了它渴望的猎物，不会马上把它吞掉，而是耐心等待猎物的挣扎，猎物越挣扎就会死得越快。所以，我们可以想象一下，如果一旦鳄鱼咬住你的脚，唯一的生存方式就是牺牲你的一只脚，不要去拼命挣扎，因为这样会威胁到你的生命。引申到动荡的证券市场中，如果投资者的某一项投资出现了严重亏损，甚至是达到投资者预定数额时，投资者为避免损失逐渐扩大就会低价抛售手中的股票。

◎ 活用“市场先生”，颠覆有效市场理论

在投资市场中，有效的市场理论是被很多投资者推崇的。这样的有效投资理论在很多投资者心中根深蒂固，似乎很少受到质疑。有效市场理论认为，股价是市场的一切信息来源，能够正确地反映市场。而市场是一个有效完美的体系，身在市场的投资者的行为大多数也是理性的，所以，他们获得比市场平均利润高的业绩的可能性很小，也就不可

能持续地战胜市场。这种思想，从股市诞生以来的很长时间里都有着非常重要的地位，而很多有关经济与投资的理论也大多是受到它的影响而建立。

巴菲特认为，那些相信有效市场理论观点的人，也只是那些投资者与学者们的个人观点罢了。他认为，股票市场本身就是一个变幻莫测的系统，解答不了投资者所要的答案。而且市场是一个很富有戏剧化与欺骗性的市场，每一个投资者都不可能真正懂得并了解它，而一旦被市场牵着鼻子走，你就有可能迷失方向，失去自己的判断力。

Easy-going

巴菲特不赞同市场是有效和理性的，他经常告诫投资者：“不要将市场看做是你的主人，也不要将它当做你的向导，你追逐的是企业，而不是市场动向。”

那么，投资者怎么样才能活用“市场先生”，保住自己的资产？这样的问题，巴菲特也曾经问过他的老师格雷厄姆：“被市场低估的股票，最后真的会上涨吗？”格雷厄姆是这样回答的：“市场经常就是这么一回事。”后来巴菲特也常说这句话。

灵活运用“市场先生”（流程图）

股票市场 ⇨ 本身就是变幻莫测 ⇨ 给不了投资者所要的答案 ⇩ 如果被市场牵着鼻子走 ⇦ 就会失去自己的判断力 ⇦ 所以，应该活用“市场先生”，颠覆有效市场理论

投资实战

背景

卡片打洞的原则

在巴菲特的投资生涯中，他曾经提出这样一个原则——卡片打洞的原则，这一原则提醒每一位投资者："如果你一生中，只能做20次重要的投资决策，这就好像在一张卡片上打20个洞，每打一次，投资就会少一次，投资者应该以这样的慎重心态去看待投资。"所以，作为一个普通的投资者，在投资过程中，应该尽量减少随意买卖的高风险投资行为。

投资实战

在2006年、2007年、2008年这三年伯克希尔的股东大会上，都有人向巴菲特提出同一个问题：如果只有100万美元，他会如何投资？

2006年5月6日的股东大会上，巴菲特的回答是：

"我设立第一个投资合伙公司的资金规模就是10.5万美元。如果我现在从头开始，我会在全球范围内进行证券投资。有人会说我无法找到20只好证券，但是我并不需要找到20只，我只需要找到少数几只能够带来巨大回报的证券就足够了，我也会购买规模较小的公司股票。因为我们还没有建立起良好声誉，而且只有100万美元资金。"

2007年5月3日的股东大会上，巴菲特的回答是：

"如果我现在管理的是一笔规模很小的资金，我做的投资会和我现在实际管理庞大规模资金的做法完全不同。我们的选择范围会扩大很多。除了整体收购企业之外，管理100万美元的投资选择要比管理1000亿美元多出几千倍。管理规模非常小的资金，能让你获得非常高的投资收益率。并不是每个人都能做到这一点，但是如果你确实擅长投资，你就会做到。而我们在一只股票上投资30亿、40亿、50亿美元，根本不可能取得非常高的投资收益率。投资大市值股票，根本做不到，即使接近的收益率也做不到。如果我有50万~100万美元来投资，我们将会寻找一些小的投资，而且不仅仅只投资于股票。”

2008年5月3日的股东大会上，巴菲特的回答是：

“如果我有一份全职工作，无法每天进行投资，我会把所有的钱都投资到一个成本费率低的追踪标准普尔500指数的指数基金，然后继续努力工作……把所有的钱都投资到像先锋500指数基金那样的成本费率低的指数基金。”

投资分析

巴菲特坚持长期投资背后的逻辑就是以下几点：

逻辑一：少决策，作大决策。

逻辑二：机会到来后，要重仓持有，而且要长期持有（只有长期持有才能避免需要再次决策）。

逻辑三：追求确定的事物而放弃不确定的事物。由基本原理决定的重量容易测出，由心理因素决定的投票很难评估。

别碰自己不了解的公司的股票

巴菲特用大半生的经验总结出投资股票的经验：“价格好不如公司好。”这句话就像中国的一句古话：“相貌好不如心眼好。”如果股票的价格犹如女子的面容，那么一家企业的内在价值就如同女子的心灵。

◎ 选股犹如选妻

投资大师巴菲特认为选股如同选妻，他曾经说过：“投资很像选择心爱的人，苦思冥想，列出一份你梦中的她需要具备的各种优点。然后去找，突然碰到了你喜欢的那个她，于是你们就幸福地结合了。”

巴菲特在选择股票时，会把自己当作这家公司的长期所有者，他希望自己和公司之间能像自己和爱人一样白头偕老，而不是单单认为拥有的不过是一纸价格每天都在发生变动的股票凭证而已。应该把自己当成公司的经营者，对这家企业的股票长期地持有，就像与家庭中的其他成员共同拥有一个农场、一套公寓一样。

人们永远都是在寻找那些公司业务简单清楚、业绩持久优秀和拥有卓越能力。并且为股东着

Easy-going

巴菲特选择股票的三个诀窍：
第一，学好会计。做一个聪慧的投资者，而不是做一个冲动的投资人。
第二，要拥有很好的阅读技能。只投资自己了解明白的公司。
第三，要有耐心等待的心态。因为每个人的一生中真正值得投资的股票也就四五只。如果你发现了，就要大量买入。

想的管理者所经营的大型公司。但是这种目标公司并不可以保证每个投资者的盈利，因为他们不仅要在合理的价格上购买，而且也希望买入的公司的未来业绩与自己的估计相符。不过这种“寻找超级明星”的投资方法，是投资者走向真正成功的唯一机会。

◎ 巴菲特不碰高科技股票的原因

巴菲特对于股票投资的基本原则中的一个，就是“不碰自己不懂的股票”。他对高科技股特别是网络公司股票可以说是一窍不通，所以，他几乎不碰这样的股票。

例如1998年，股市上高科技股在美国达到了高潮。当时，巴菲特掌管的伯克希尔公司中有人就提到能否可以把投资的方向扩展到高科技股票上，巴菲特虽然很希望投资，但是他对高科技企业很陌生，一点也不了解，如微软公司和英特尔公司的股票10年后会怎么样？他一概不知，所以，他不投这种自己没有优势、不了解的高科技企业。

巴菲特之所以不去碰高科技公司股票，一方面是因为他自己的学识上存在着缺陷，阻碍了对高科技事物的了解，另一方面就是因为高科技产业的特性令人捉摸不透、变幻莫测。如果在这样陌生的产业里消耗太多时间去深入研究，最后也许仍然没办法解决问题，就干脆不去碰它。

巴菲特为何不碰高科技股

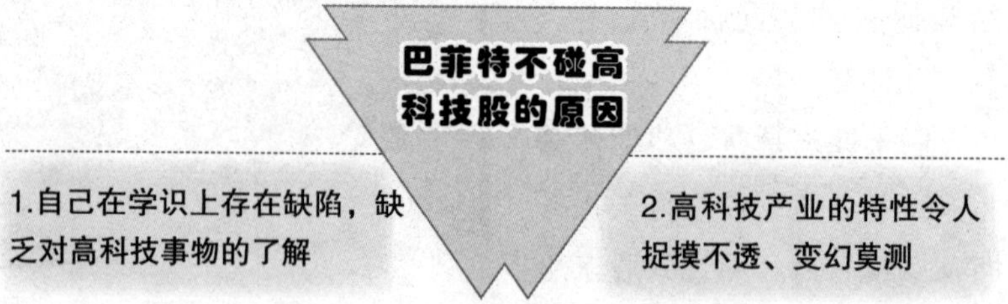

虽然巴菲特用于分析其他企业股票的方法一样适合高科技企业，但是他却不懂得怎样进行分析。既然如此，为什么不在自己熟悉了解的领域施展才华呢?

巴菲特曾经说过，很难判断高科技行业长期的发展前景，投资这类股票和他的一贯原则是相背离的。他认为自己可以想象到投资可口可乐公司股票的现金流量，但是没办法准确预期10大网络公司未来25年里的现金流量。在这种状态下，如果要去投资网络公司股票，那么这种投资就是在碰运气。巴菲特一定不会投资他不熟悉的任何公司，而那些让他能够理解和熟悉的企业才是他的投资目标。

投资实战

背景

在巴菲特的投资生涯中，无论是购买一个公司的一部分股权还是收购整个企业，他都会认真考虑以下三点：

第一，这个企业的业务是否简单，且容易被人们理解。大部分的优质股票，都是公司的主营业务股票，而且绝大部分的优秀股票，其经营的业务都是一目了然的。例如，大名鼎鼎的可口可乐公司股票，其经营的业务就是可口可乐饮料的生产。投资者可以很轻松地直接通过公司的主营业务财报来确认股票的潜力情况。

第二，一个企业是否拥有持续不断的收益能力，而不是将这种盈利放置在企业未来的规划里。这里要求所投资股票必须有看得见的利益，而不是根据科学技术发展或者国家政策预期其在未来的两三年内有巨大的发展。

第三，这个企业是否拥有一个优秀的管理层，而且企业的经营者能否值得信赖。一般来说，稳定而有所变动的管理层，才是最优秀的管理层。如果你所投资对象的管理层一直没有变动，说明这个公司制度僵硬；如果管理层频繁变动，则说明该公司的管理混乱。

投资实战

投资者A君有资金300万元，现在想要进行股票投资，通过对近期股市优质股票分析，A君发现三只备用股票。

1．首钢股份。大型国有企业发行的股票，买入的价格比较高，但是近年来一直上涨，即使在2009年股市动荡，绝大部分股票价格下跌的背景下，首钢股票依然保持缓慢增长的势头。

2．新日环保电动车股份。最近发展势头很猛的中型高端科技企业发行的股份，买入的价格适中，近期基本上没什么价格变动，但是根据我国政府公布的“减排计划”以及将要出台的扶植环保节能产业发展的政策，预期该公司将要迎来一段发展的高峰期，也预测这只股票在未来的一年内将会大幅度增值。

3．稻香村食品有限公司股份。这是一个正处于从国企到私企转型期间的大型食品公司，百年老字号产品拥有极高的市场信誉和占有率。买入的价格比较低，而且该公司股票在前半年一直在缓慢下跌，但是预测公司的底蕴雄厚，改组完成，公司必定大有发展，到时股票肯定上升。

对比三个公司，A君的购买股票最终结果如下：

	优　势	劣　势	投资金额
首钢	一直在稳定上涨	买入价格比较高，利润空间小	45万元
新日电动车	受国家政策支持，可能有巨大的发展空间	比较偏门，市场上不看好这只股票	25万元
稻香村食品	买入价格低且公司影响力大	公司处于转型时期，发展方向不稳定	30万元

投资分析

结合之前所了解的原则，A君的投资行为可以理解如下：首钢股份虽然买入价格高，但是稳定而且可以确保会一直升值，是长期持有的最佳选择，因此购买该股票，等于是购入一份长期增值的固定资产；新日环保电动车公司所在行业有着巨大的发展前景，但是并不能保证该公司的发展会很好，所以股票的风险比较大；稻香村食品有限公司虽然股票的价格比较低，但是因为管理层正在转型之中，所以不知道何时才能重新发展起来，投资也存在一定风险。

结果一年之后的发展状况如下：

	利润（或损失）	原　　因	投资分析
首钢	股票小幅度上涨，比原来每股价格高出1.2元，获得了5.3万元利润	因为这只股票很热门，所以很多人选择将该股票作为保底投资，导致它不温不火	在投资市场上，必须通过某一只股票保底，但是不能指望该股票获取高利润
新日电动车	股票价格时涨时跌，最后平仓售出，未获得利润	虽然电动车行业发展，但是该企业的发展并不明显，股票上升不明显	这是投资必然会出现的风险，不可能总是投资到最好的股票
稻香村食品	股票价格大幅度上涨，比原来每股价格高出3.7元，获得了利润11.1万元	公司转型顺利，蓬勃发展，领跑全行业，带来股票价格的全面上扬	投资关键是看企业而不是行业

必须要坚持的价值投资

巴菲特以价值投资思想而闻名，价值投资思想也是他投资哲学中的核心内容。简单地说，就是利用股市中价值与价格的背离，用与股票内在价值相差较大的折扣价格买入股票，在股票的价格上涨后，再以相同或是高于股票内在价值的价格卖出，从而得到巨大的利润。

◎ 价值投资的核心

价值投资是投资大师巴菲特从他的老师格雷厄姆那里继承而来，并由巴菲特将这一投资思想不断地发扬光大的。这一投资思想一直伴随在巴菲特几十年的投资生涯中，他也因此在世界投资领域中占据了显赫的地位。

多年来，有两种投资理论一直贯穿并引领着投资领域：一种是价值投资大师格雷厄姆提出的“价值投资”理论，另一种是世界伟大的成长型投资大师费雪提出的“成长投资”理论。

价值投资理论说明了一种认真慎重的选择，且投资风险已经被分散，这种投资组合或许是一种很理性、明智的投资。

Easy-going

价值投资的核心策略是：先评估某一只股票的内在价值，并将它和市场价值做对比，如果价格比内在价值低，就可以买进这只股票。

价值投资理论中存在一个非常重要的概念，即安全边际，它意思是指投资者通过一系列的计算，如果可看出股票的价格比股票的内在价值低，就说明投资资本处在一个安全边际。也许有人会问，怎么会出现这种情况呢？是因为市场经常给予股票不合理的价格，而这种错误的标价有时是由于投资者那种恐惧和贪婪的心理导致的。而这种市场的不合理价格，可能又会经常性地背离企业的内在价值，或高于一个企业的实际价值，也许会比企业的实际价值低很多。而价值投资的目的就是要找出股票价格比实际价值低的股票。

价值投资的前提是建立在股票市场的三个显著特征的基础上，也就是以下三个关键点。

关键点一：股票价格有时会被一些捉摸不定、影响很深的因素支配，而股票的“市场先生”会收集所有投资人的情绪波动，将股票的价格定在某一个适度成交的位置上。

关键点二：有时候，股票的价格会因受到市场供求关系的影响而出现很大的波动。但你所选择的股票所代表的是企业的内在价值，在一定时间内是较为稳定的。企业的内在价值和股票的市场价格并不是相等的。尽管企业价值和股票的价格也许会在某一天相等，但一般情况下它们之间是不相等的。

两位大师的投资理论

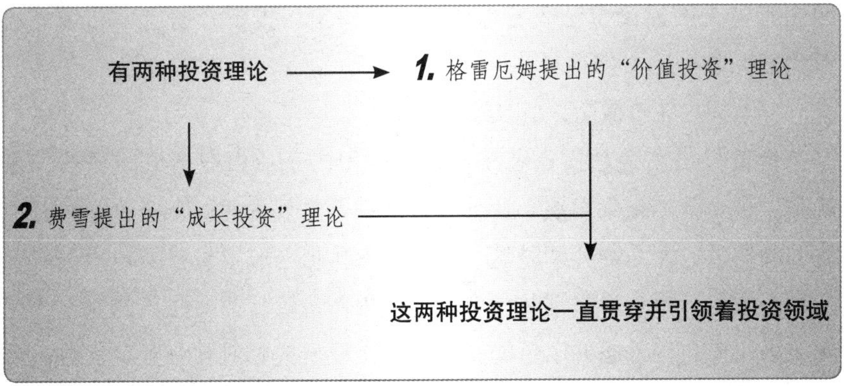

关键点三：如果在股票的市场价格比企业的内在价值低很多的时候去购买股票，最后的结果一定是超额回报。

价值投资策略的核心方法就是：投资者首先要对某一股票的内在价值进行明确评估，并将这种评估结果与市场价格做一个详细的比较。如果股票的市场价格比股票的价值要低，且会得到足够的安全边际，投资者就应该毫无顾忌地买进该股票。

◎ 怎么理解价值投资

价值投资如此重要，那投资者该怎么理解呢？看股神巴菲特对价值投资的理解：

1. 保持正确的投资心态。

价值投资应该注重“投资”这个词，投资不等同于投机。真正的投资行为应该确保投资者资本的可靠性和适当的报酬率。所以，投资者在进行投资的过程中，首先要以企业经营者的良好心态去深究和评估这个企业。然后投资者要经得起市场波动的各种考验。股票的价格也许会在某一段时间内偏离企业的内在实际价值，但这种现象一定会调整过来。就如同格雷厄姆所说的，“短期内市场是一台投票机，但长期看，它又是一台称重机”。最后投资者要具有独立思考的能力。因为其他人的建议无法改变你所做出的决定。投资者的自信和独立思考的能力是一门必修课程。

2. 掌握内在价值的评估方法。

价值投资主旨是投资者在投资过程中对企业内在价值的评估，也就是一个企业的未来发展。评估的目的并不是要去明确一个企业内在价值的确切值，而是需要清楚这个企业内在价值与股票价格的差距到底有多大。所以，投资者去评估一个企业的内在价值，需要注重四点：一是应该去研究自己熟悉并了解的企业；二是要研究相对具有竞争优势的企业；三是要多研究由出色企业家管理的那些企业；四是应该运用正确的

价值投资的关键点

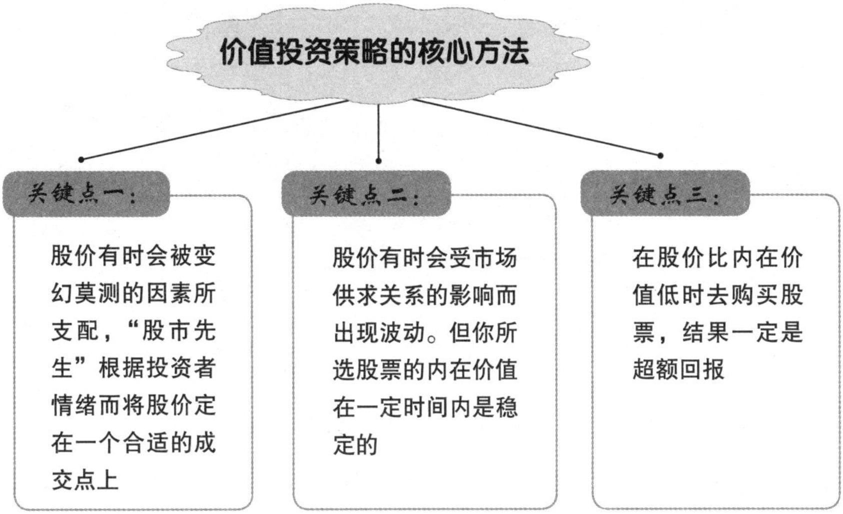

估值模型。

3. 吸收价值投资的精髓：安全边际原则。

人们应该汲取价值投资的精髓——安全边际，它是一个投资者成功投资的基础。明确地说，安全边际就是你所选择企业的内在价值与股票价格之间的差距。拥有安全边际，并不能为投资者的资金提供绝对的安全，它只能在合理的情况下，让你的投资不会亏本。它不但是价值投资的精髓，也是投资大师巴菲特成功投资的关键因素。

◎ 巴菲特的价值投资法

综观巴菲特的投资法，可以将其分成两个步骤：一是投资者在多种股票中，筛选出能够理解的行业、利润能够持稳增长、企业的经营者重视每个股东的利益的企业。二是投资者要尽量以相对有优势的价格购买。也就是说，投资者需要在评估一个企业的内在价值，发现股票价格比内在价值低的时机购买。

小故事

现金流量不是评估公司的完美工具

在投资市场中，很多投资者会用现金流量贴现模型去评估一个公司的价值，对此，巴菲特认为：“现金流量不是评估公司价值的完美工具，还会常常误导投资者。对那些刚开始投资很高，然后需投资很少的公司，如房地产等公司，现金流量是个不错的方法。但是对那些持续投资的企业如制造业，那么单单用现金流量的方法是无法正确评估企业价值的。”

巴菲特投资方法最关键的一点是一个公司的内在价值。他在购买股票或收购企业之前，首先就是评估企业的市场价格与内在价值，看看是否有足够的安全边际。他认为，价值投资的关键是你得懂这家企业。

事实上，巴菲特的价值投资法并不复杂。具体来说，就是要满足以下几个要素：一是该企业过去及未来的经济特征是否可以评估？是否

价值投资的3个重点

怎么理解价值投资

- 1. 保持正确的投资心态
  - （1）先要以企业经营者的良好心态去研究和评估这个企业；
  - （2）要经得起市场波动的各种考验
- 2. 掌握内在价值的评估方法
  - （1）要明确企业的未来发展；
  - （2）要清楚企业内在价值与股票价格的差距
- 3. 安全边际原则
  - 这是成功投资的基础，它只能在合理的情况下，不会让你亏本

拥有特许经营权？二是管理层是否可以评估？管理层是否可以充分地信赖？企业收益能否转入股民手中而不被侵占？三是企业未来的发展潜力及带来现金流的能力如何？四是企业的实际价值如何？企业的股价是否远低于其实际价值？

巴菲特追求的价值投资原则是很精确的，他要求准确估算一只股票的价格，与此同时也要考虑这个企业的未来发展，且预测出一个安全边际。可以说，巴菲特的价值投资原则综合了价值型投资和成长型投资，是他独有的价值投资法。

投资实战

背景

巴菲特采用的价值投资法，最难做到的就是价值估算。而且作为一个投资者，是不可能单从财务报表上来给一家公司进行定量价值估计的，所以定性分析是唯一的出路。定性分析的方法有很多，PEG+PE法就是最常用的一种。

PE的中文意思是“市盈率”，PEG的中文意思是“市盈率相对利润增长的比率”。这两者的计算公式如下：

1．静态PE=股价/每股收益(EPS)(年）或动态PE=股价×总股本/下一年净利润(需要自己预测)

2. PEG=PE/净利润增长率×100

如果PEG＞1，则股价高估；如果PEG＜1(越小越好)，则说明此股票股价低估，可以买入。

投资进行

假设有这样一只股票，PE只有20倍，而近些年公司的净利润却以高达40%的速度增长，同时你确定在未来的几年里，这一速度有很大的概率会继续保持的话，恭喜你，这只股票就是价值投资梦寐以求的能给你带来N倍收益的安全股票。也是那只真正需要重仓持有和长期持有的股票。 PEG这个指标是用公司的市盈率除以公司的盈利增长速度。在选股的时候就是选那些市盈率较低，同时增长速度又是比较高的公司，这些公司有一个典型特，就是PEG会非常低（越低越好）。

美国现在PEG水平大概是2，也就是说，美国现在的市盈率水平是公司盈利增长速度的2倍。中国每年的GDP都保持一定幅度增长，中国企业的盈利增长平均保持在30%以上。无论是中国的A股还是H股以及发行美国存托凭证的中国公司，它们的PEG水平都差不多在1，或者是比1稍高一点。

PEG始终是主导股票运行的重要因素，所以寻找并持有低PEG的优质股票是获利的重要手段。以酒类股票为例，酒类龙头公司未来3年的预期复合增长率在35%左右，而其对应于2007年收益率的动态市盈率则普遍在50倍左右，PEG值为1.4，这显然削弱了酒类龙头公司进一步走高的动力。也就是说，公司的良好运行前景已经体现在了股价上涨中。银行股龙头股票未来3年的预期复合增长率在40%左右，而其2007年动态市盈率一般在30倍左右，PEG值为0.75。相对于上年PEG为0.4时的银行股，现在它们大幅上涨的动力确实不如以前，当然，由于市盈率低于复合增长率，其未来上涨的趋势并未改变。而钢铁股的复苏超出了很多机构的预期，目前市场预期钢铁股未来三年复合增长率在25%左右，而龙头钢铁股2007年动态市盈率在11.5倍左右，PEG值为0.46，极低的PEG值是钢铁股持续走强的重要原因。

投资分析

决定股市盈率水平只有一个指标，就是公司的增长率。任何一家公司，如果它的股票定价合理，该公司的市盈率就应该等于公司的增长率。举例来说，如果一家公司的年增长率大约是15%，

15倍的市盈率是合理的，而当市盈率低于增长率时，你可能找到了一个购买该股的机会。一般来说，当市盈率只有增长率的一半时，买入这家公司就非常不错，而如果市盈率是增长率的2倍时，就得谨慎了。

市盈率的意义

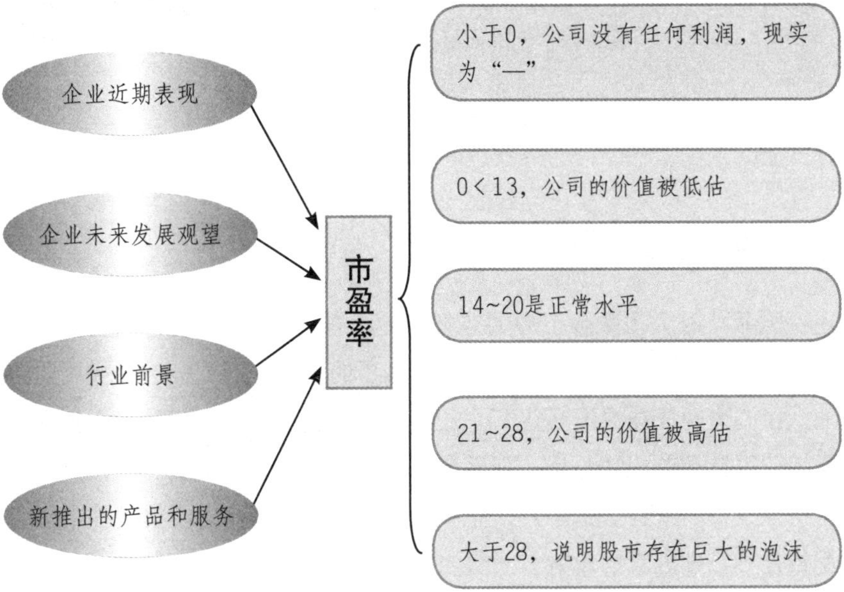

只有战胜自己才能战胜市场

格雷厄姆认为，投资者最大的敌人不是股票市场，而是自己，成功的投资者往往是那些个性稳定的人。巴菲特把恩师投资思想的精髓总结为："合适的性格与合适的才智相结合，才会产生理性的投资行为。"简单来说，在投资市场中，要想战胜市场，就必须先战胜自己。

◎ 非理性投资行为

巴菲特对大多数投资者的非理性行为有着独特的认识："股市只是一个可以观察是否有人出钱去做某件蠢事的参照。当我们选择投资股票时，我们也同样在投资商业。" 巴菲特认为，在每一项投资中，投资者要想获得持久的成功投资，智商并不是最重要的，更重要的是情商。巴菲特说过："由于投资者是'有限理性'的，在其投资决策过程中常会受到各种心理因素的影响，导致出现大量认知行为偏差。通俗讲就是智力正常、教育良好的聪明人却经常做傻事。"

在投资过程中，每个投资者常常会犯下很多非理性的愚蠢错误。在市场中，那些亏损的投资者基本上是对投资市场波动太过于敏感的人，这些人在面对市场波动时，经常会出现认知偏差行为。事实上，市场中的投资者

Easy-going

巴菲特说过："一个投资者必须既具备良好的公司分析能力，又具备把自己的思想和行为与市场中肆虐的极易传染的情绪隔绝开来的能力，才有可能取得成功。"

没有像有效市场理论中假设的那样十分理性，而是“有限理性”的投资者。就如同巴菲特所说的那样，投资者在“有限理性”的状态下投资，会受到很多自身的心理因素影响，最终会导致出现很多看起来愚蠢的行为。巴菲特认为，投资过程中的理性就是自律。投资者不仅要坚持自己认为是正确的事情，还要在其他投资者发疯的时候，保持清醒的头脑，避免陷入投资市场的“集体疯狂”之中。

◎ 投资中常见的错误

在投资市场中，投资者常见的愚蠢错误有以下几种:

1. 过度自信。

在投资行为中，投资者常常过于相信自己的市场判断能力，过于高估自己投资成功的机会。这些过于相信自己的投资者，总是认为自己可以看清市场，把握住市场，将投资的成功总结为自己的能力，而忽略自己在市场中的运气和外部环境所起到的重要作用。市场中变幻莫测的不确定性，让很多投资者没办法理性地做到适当的权衡，常常容易出现认知偏差。在投资市场中，很多投资者的非理性行为都是由于其自身过度的自信造成的。

2.“自归因”心理。

在投资过程中，总会存在“自归因”心理。“自归因”的意思是，人们总是将曾经某件事的成功归于自己，而往往将自己的失败归因于外部因素的心理特征。“自归因”心理在投资市场中的表现就是，投资者将获得的成功归于自己的能力，而将投资的失败归于外界环境的不利因素。

3. 从众行为。

在市场中，投资者常常忽略对自己有价值的信息，而不假思索地盲目跟随市场上其他人的决策方式，或者是道听途说而获得“小道”消息。

4. 过度反应和反应不足。

在股市中，有些投资者对公司近期的信息过于关注，使得他们对公司股票近期趋势的判断大大偏离了长期投资的平均值，这就是投资者对公司过度反应造成的后果。投资者如果过于关注公司近期的信息，就很容易忽略公司股票长期发展的趋势，这样就会使得其常常是在好消息的情况下过于乐观而造成证券价格上升幅度过大，而在坏消息的情况下过度消极而造成证券价格下跌幅度过大。也有些投资者对公司产生的新资讯了解不全，就会对暂时处在逆境中的公司不看好，不能够根据公司近期出现的增长情况而对原来公司的盈利情况有个很好的评估，从而就会导致他们错过投资的最佳时机。这两种现象在市场中都会存在，所以，投资者应该抱有理性的心态面对市场中的各种信息变化，掌握好投资时机，避免额外风险，获得超额利润。

5. 损失厌恶。

在股市中，损失厌恶的现象常常出现，它是指投资者在面对一样数量的盈利和损失的情况时，会因损失而产生更大的情绪影响。损失厌恶会给投资者带来很大的影响：（1）这种情绪影响会使投资者舍弃一个资产投资的厌恶程度比其获得一项资产的欢喜程度大很多。这样的情绪影响会让投资者安于现状，愿意继续维持当下的资产，而在投资过程中就体现在买卖的不合理性的差价。（2）损失厌恶还会造成投资者过于关注短期投资的亏损情况，不愿意长期持有某一只股票，同时把目标投向稳定的股票，从而错失很多的投资盈利机会。

6. 选择性偏差。

在投资市场中，也会出现选择性偏差现象，它是指人们习惯将事物划分为几个典型的类别，接着就对事件去深入评估，再强调这种典型类别的重要性，而忽略事件中潜在的可能性因素。这种选择性偏差会让人们在随机数据序列中看到一些模式，从而造成他们对事物系统性的预测偏差。

在投资市场中，很多投资者都认为好公司就一定是好股票。实际

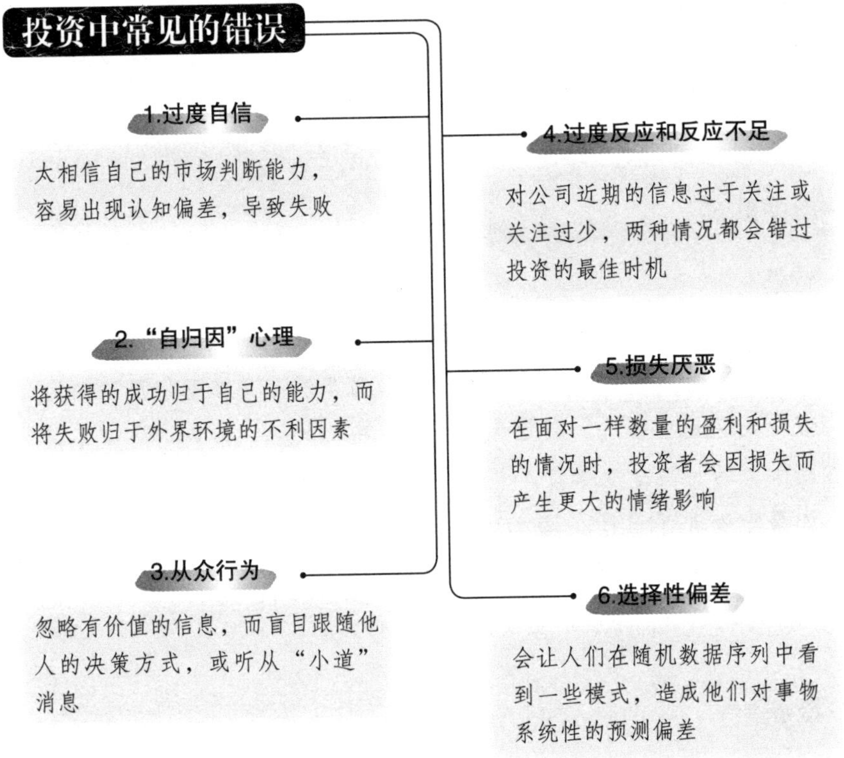

上，好公司的股票价格如果过高，就会变成“坏股票”，而坏公司的股票价格过低，就可能会变成好股票。投资者往往会把优秀公司的股票和“好股票”混为一谈，这就是一种很典型的选择性偏差现象。在资本市场上，这些选择性偏差现象往往是紧密地连在一起，很少单独出现，这种选择性偏差不仅是我们日常生活中的组成部分，也是投资市场中的一部分。

如果投资者想要战胜市场，首先一定要先战胜自己，要认识到自己在投资过程中会出现哪些愚蠢的错误，找到自身的缺点后，就要避免在投资中再犯类似错误，这样就会减少自己因选择性偏差而造成的错误投资行为，真正战胜市场，从而获得巨额收益。巴菲特认为，一个投资者要想战胜市场，不仅要具备很强的公司分析能力，还要具备思想和行为不受市场变动而影响的独立掌控能力，这样才能在股市中取得成功。

投资实战

背景

成功需要淡定

格雷厄姆认为，成功的投资者常常是那些身在变幻莫测的股市中淡定稳重的人。实际上，在市场中，投资者最大的敌人不是股票市场，而是他本身。即使一个投资者拥有高超的投资能力，如果把控不了自己，那么依然不会在投资中获益。巴菲特将导师格雷厄姆的投资思想浓缩成这样一句话：“合适的性格与合适的才智相结合，才会产生理性的投资行为。”

投资进行

2012年3月16日，苹果公司上市的新iPad平板电脑，是当时最受欢迎的版本。苹果仅用了4天时间就卖出了300万台。但部分买家却在论坛中热议该产品存在过热问题。类似的争论也出现在苹果股票中。

过去一年间，该公司的股价已经上涨了83%，2012年以来的涨幅也接近50%。苹果凭借约5650亿美元的市值，轻松成为全球最值钱的公司，远超排名第二的埃克森美孚(4080亿美元)。苹果市值上涨了1870亿美元，几乎与宝洁、强生或富国银行等公司的整体市值相当。苹果一家公司的市值就超过了全美零售板块的整体规模。

该股2012年在标准普尔500指数中的占比为4.5%，在全球股市中的比例也高达1.1%。由于苹果会大幅扭曲实际结果，部分银行分析师开始将其排除在全美企业盈利报告之外。根据瑞士银行的报告，标准普尔500指数的成分股企业2012年第四季度利润同比增长6.7%，但如果将苹果剔除，则增幅仅为3.6%。

2012年约有1/3的对冲基金持有苹果股票，包括SAC Capital和Green light等著名基金。有些公司甚至大举押注苹果，截至2011年12月31日，Citadel持有51亿美元苹果股票，约占其投资组合的12%。很多对冲基金仅凭借苹果一只股票就在2011年获得了优异表现。

投资结果

苹果公司股票2012年涨幅不仅提高了股东的信心，还点亮了整个股市的前景。标准普尔500指数2012年的涨幅有10%归功于苹果，纳斯达克100指数的比例则高达39%。评级机构标准普尔分析师霍华德·希尔沃布拉特(Howard Silver blatt)表示，其他任何一只股票都无法这么快对一个指数产生如此重大的影响。

2012年3月20日，也就是苹果宣布动用现金储备(截至2011年底约为976亿美元)派发季度股息，并回购100亿美元股票的前一天，其股价报收于605.96美元。这是苹果17年来首次分红。

如此情况下，多数分析师看好苹果公司股票，甚至有人认为1万亿美元的市值也将很快实现。最乐观的情况如下：苹果在PC和智能手机市场的渗透率较低，而且能在中国和巴西等新兴市场再吸引数百万名用户。

投资分析

苹果的市盈率远低于互联网泡沫时期的科技股，AOL1999年的市盈率曾经达到不可思议的154倍，但反向操作的人却很少。咨询公司Option Pit分析师马克·塞巴斯蒂安(Mark Sebastian)表示，很少有人看空苹果，买入期权的成本远高于卖出期权。据彭博社统计，在关注苹果的54名分析师中，只有1人给予该股“卖出”

(Sell)评级。

耶鲁大学经济学家、《非理性繁荣》的作者罗伯特·席勒(Robert Siller)认为，对苹果发展的“情感依赖”以及对该股的“疯狂”热情，让人想起了泡沫时期的状况。他说：“你可以参与泡沫，因为它或许还没破，但我不会买苹果股票。”

苹果股票2009—2013年的涨跌情况

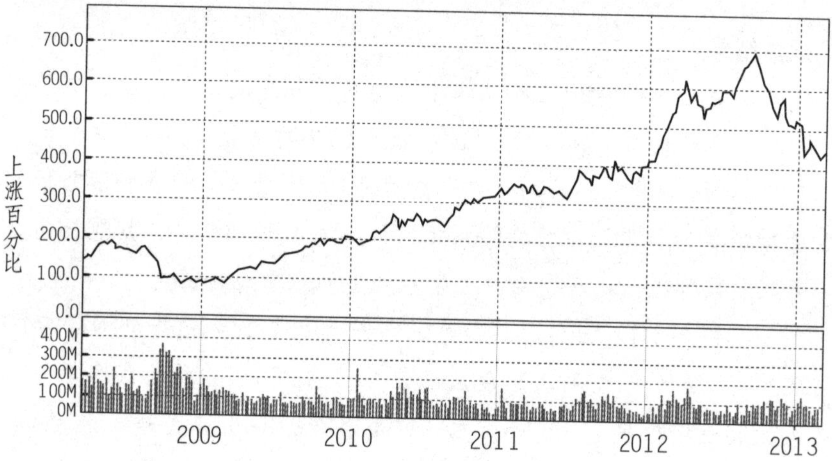

巴菲特如何看财务报表

现在这个社会，女人爱八卦，男人也爱八卦。巴菲特也爱八卦，不过他八卦的不是花边新闻，而是分析财务报表。巴菲特通过对财务报表的分析，来决定自己的投资方向。

◎ 巴菲特分析财务报表的八种方法

1. 结构分析——确定财务报表结构占比最大的重要项目。

第一步，首先计算确定财务报表中各项目占总额的比重或百分比。

第二步，通过各项目的占比，分析其在企业经营中的重要性。一般项目占比越大，其重要程度越高，对公司总体的影响程度越大。

Easy-going

经过结构分析处理后的会计报表通常称为同度量报表、总体结构报表、共同比报表。

第三步，将分析期各项目的比重与前期同项目比重对比，研究各项目的比重变动情况，对变动较大的重要项目进行进一步分析。

以利润表为例，巴菲特非常关注销售毛利率、销售费用率、销售税前利润率、销售净利率，这实质上就是对利润表进行结构分析。

2. 同期对比分析——分析财务报表年度变化最大的重要项目。

将财务报表各项目报告期的数据与上一期的数据进行对比，分析企业财务数据变动情况。

同期对比分析，一般不是只对比一两个项目，而是把财务报表报告期的所有项目与上一期进行全面、综合的对比分析，揭示各方面存在的问题，为进一步全面深入分析企业财务状况打下基础，所以水平分析法是会计分析的基本方法。

这种本期与上期的对比分析，既要包括增减变动的绝对值，又要包括增减变动比率的相对值，才可以防止得出片面的结论。每年巴菲特致股东的信第一句就是说伯克希尔公司每股净资产比上一年度增长的百分比。

3. 趋势分析——分析财务报表长期变化最大的重要项目。

趋势分析是一种长期分析，计算一个或多个项目随后连续多个报告期数据与基期比较的定基指数，或者与上一期比较的环比指数，形成一个指数时间序列，以此分析这个报表项目历史长期变动趋势，并作为预测未来长期发展趋势的依据之一。

趋势分析既可用于对会计报表的整体分析，即研究一定时期报表各项目的变动趋势，也可以只对某些主要财务指标的发展趋势进行分析。

巴菲特是长期投资，他特别重视对公司净资产、盈利、销售收入的长期趋势分析。他每年致股东的信第一页就是一张表，列示1965年以来伯克希尔公司每年每股净资产增长率、标准普尔500指标年增长率以及二者的差异。

4. 比率分析——最常用也是最重要的财务分析方法。

比率分析，就是将两个财务报表数据相除得出的相

Easy-going

巴菲特说：“我们始终在寻找那些业务清晰易懂、业绩持续优异、由能力非凡并且为股东着想的管理层来经营的大公司。这种目标公司并不能充分保证我们投资盈利：我们不仅要在合理的价格上买入，而且我们买入的公司的未来业绩还要与我们的预测相符。但是这种投资方法——寻找超级明星——给我们提供了走向真正成功的唯一机会。”对企业未来发展前景进行财务预测是财务报表分析的最终目标。巴菲特说得非常明确：“我关注的是公司未来20年甚至30年的盈利能力。”

对比率，分析两个项目之间的关系。比率分析是最基本、最常用也是最重要的财务分析方法。财务比率分析的最大作用是，使不同规模的企业财务数据所传递的财务信息可以按照统一的标准进行横向对照比较。

财务比率一般分为四类：盈利能力比率、营运能力比率、偿债能力比率、增长能力比率。从巴菲特过去40多年致股东的信来看，巴菲特这四类比率中最关注的是：净资产收益率、总资产周转率、资产负债率、销售收入和利润增长率。

财务比率的常用标准有三种：历史标准、经验标准、行业标准。巴菲特经常会和历史水平进行比较。

5. 因素分析——分析最重要的驱动因素。

因素替代法又称连环替代法，用来计算几个相互联系的驱动因素对综合财务指标影响程度的大小。

巴菲特2007年这样分析：1972年他收购喜诗糖果时年销量为1600万磅，2007年增长到3200万磅，35年只增长了1倍，年增长率仅为2%。但销售收入却从1972年的0.3亿美元增长到2007年的3.83亿美元，35年增长了13倍。销量增长1倍，收入增长13倍，最主要的驱动因素是持续涨价。

6. 综合分析——多项重要指标结合进行综合分析。

企业本身是一个综合性整体，企业的各项财务活动、各张财务报表、各个财务项目、各个财务分析指标是相互联系的，只是单独分析一项或一类财务指标，就会像盲人摸象一样陷入片面理解的误区。因此我们把相互依存、相互作用的多个重要财务指标结合在一起，从企业经营系统的整体角度来进行综合分析，对整个企业做出系统的全面评价。

目前使用比较广泛的有杜邦财务分析体系、沃尔评分法、帕利普财务分析体系。最重要、最常用的是杜邦财务体系：净资产收益率=销售净利率×资产周转率×权益乘数，这三个比率分别代表公司的销售盈利能力、营运能力、偿债能力。

7. 对比分析——和最主要的竞争对手进行对比分析。

和那些进行广泛分散投资的机构不同，巴菲特高度集中投资于少数超级明星公司，前10大重仓股占比超过80%。这些超级明星公司各项重要财务指标都远远超过行业平均水平，但是，在长期稳定发展的行业中，那些伟大的超级明星企业也往往都有一个与其实力相比难分高下的对手，比如，软饮料行业中可口可乐与百事可乐，快餐行业中的麦当劳与肯德基，飞机制造行业中的波音与空客。

两个超级明星企业旗鼓相当，几乎垄断了行业的大部分市场，这就形成了典型的双寡头垄断格局。因此把超级明星公司与其竞争对手进行对比分析是最合适的方法。

8. 前景分析——预测未来长期业绩是财务分析的最终目标。

巴菲特进行财务报表分析的目的不是分析所有公司，而是寻找极少数超级明星。

巴菲特财务报表分析八法

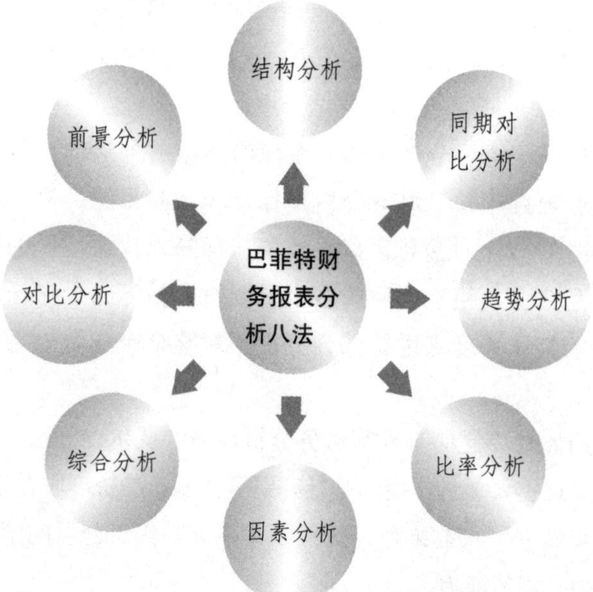

◎ 巴菲特关注的财报指标

1. 利润总额——先看绝对数。

利润总额能直接反映企业的“赚钱能力”，和企业的“每股收益”同样重要，巴菲特要求买入的企业年利润总额至少都要1亿美元，若一家上市公司1年只赚几百万美元，那这种公司是不值得他去投资的。比如，武钢、宝钢每年都能赚上百亿元，招商银行也能每年赚数十亿元，这样的企业和那些“干吆喝不赚钱”的企业不是一个级别的，它们才是真正的好公司。

2. 每股净资产——不关心。

巴菲特认为能够赚钱的净资产才是有效净资产，否则可以说是无效资产。比如有人对一些上海商业股净资产进行重新估值，理由是上海地价大涨，重估后它的净资产应该大幅升值，问题是这种升值不能带来实际的效益，可以说是无意义的，最多也只是“纸上富贵”。

每股净资产的高低不是巴菲特判断公司“好坏”的重要财务指标。

3. 净资产收益率——10%以下免谈。

净资产收益率高，说明企业的盈利能力强。比如，2003年买入贵州茅台时，若除去贵州茅台账上的现金资产，其净资产收益率应该为80%以上，实际上就是投资100元，每年能赚80元。

这个指标能直接反映企业的效益，巴菲特选择的公司一般要求净资产收益率应该大于20%。净资产收益率小于10%的企业他是不会选择的。

4. 产品毛利率——要高、稳定而且趋升。

此项指标能够反映企业产品的定价权。选择公司的产品毛利率要高、稳定而且趋升，若产品毛利率下降，就要小心了——可能是行业竞争加剧，使得产品价格下降，如彩电行业，近10年来产品毛利率一直在逐年下降，而白酒行业产品毛利率却一直都比较稳定。

巴菲特的标准是选择产品毛利率在20%的企业，而且毛利率要稳定，这样就容易给企业未来的收益“算账”，增加投资的“确定性”。

关于财报指标

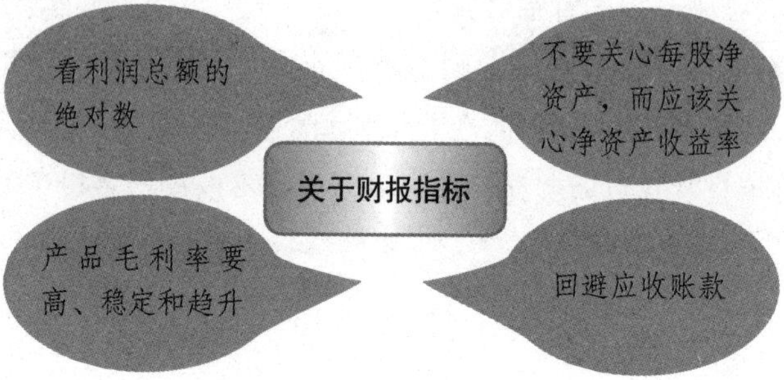

5. 应收账款——回避。

应收账款多有两种情况：一种是可以收回的应收账款，如G铸管，其应收账款都是各地自来水公司的延期付款，这么多年都能够顺利收回，比如，云天化的应收账款也是由于和用户的货到付款形成的，都是能收回的。另一种情况就是产品销售不畅，先贷后还，这就要小心了。

另外，巴菲特还认为，预售款越多越好，说明该企业的产品供不应求。

More 卡片打洞的原则

在巴菲特的投资生涯中，他曾经提出这样一个原则——卡片打洞的原则。这一原则提醒每一位投资者："如果你一生中只能做20次重要的投资决策，这就好像在一张卡片上打20个洞，每打一次，就会少一次机会。投资者应该以这样的慎重心态去看待投资。"所以，作为一个普通的投资者，在投资过程中，应该尽量减少随意买卖的高风险投资行为。

投资和创业的关系

在投资领域中，一般会有投资和创业的悖论：创业不投资，投资不创业。而通过对巴菲特的投资策略学习，我们应该重新来认识这个问题，形成自己的投资哲学，在投资和创业中寻找到平衡点。

◎ 投资和创业的悖论

在一般投资学中，对投资和创业之间的悖论是这样描述的：

投资是指投资者（法人或自然人）购买股票、债券、基金等有价证券以及有价证券的衍生品，以获取红利、利息及资本利得的投资行为和投资过程。在这种行为里，资金拥有者确信资金在其他人的手中比在自己的手中能赚取更多的利润，所以才冒着一定程度的风险，将资金投入陌生领域（陌生人手中）。

Easy-going

巴菲特不仅是一名投资天才，在创业方面也有非凡的经历。

所谓创业，是指创业者对自己拥有的资源或通过努力能够拥有的资源进行优化整合，从而创造出更大的经济或社会价值的过程。在这种行为里，资金拥有者确信资金在自己手中能比在其他人手中赚取更多的利润，所以才冒着一定程度的风险，将资金投入市场。

对所有的投资者来说，拥有的资金数都是一定的，而且资金的天性是获得最高的利润。当创业的利润高于投资时，就应该选择将全部资金用来

投资和创业的悖论

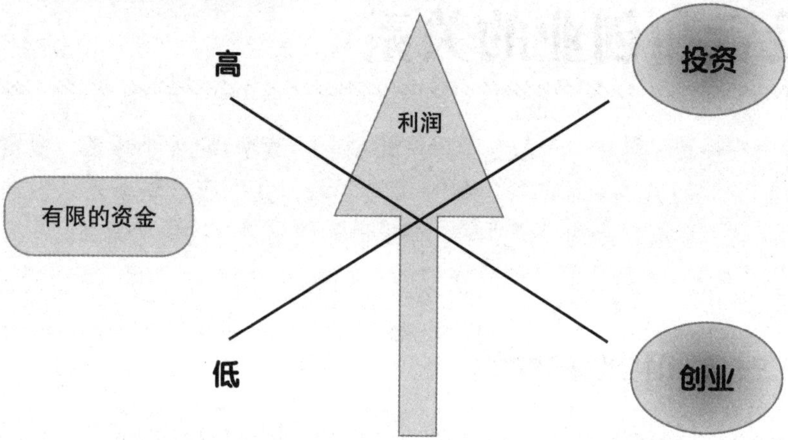

创业；当投资的利润高于创业时，就应该选择将全部资金用来投资。

这就是二者之间的悖论，因为利润的差别，资金拥有者不可能将资金切成两个部分，投入不同的领域。

◎ 巴菲特的投资和创业选择

我们所知道的是，巴菲特是著名的投资大师，我们关注的都是他的投资经历，其实巴菲特也有创业的经历。

童年的巴菲特就表现出非同一般的投资天赋，是闻名遐迩的投资天才。

1944年，14岁的巴菲特斥资1200美元在内布拉斯加购买了一块40英亩的农场,开始了他的第一次创业经历，他的目标是成为一个富裕的农场主，当然这个创业计划最后被搁浅。巴菲特最后将这个农场卖掉，既没有亏损也没有赚钱。

1947年，17岁的巴菲特和朋友合伙，花25美元买下一台旧弹球游戏机，放在一个理发店里经营。短短几个月之内，这家游戏机店就开展了连锁经营。这是一次成功的创业尝试，到年底他以1200美元转让。

◎ 投资和创业的平衡

在投资和创业的概念里，都提了“一定程度的风险”这个概念，但是比较一下就能够发现，投资领域是自己相对比较陌生的领域，而利润则往往是大生产者生产出来的；创业虽然是自己相对熟悉的领域，但是一般都是从小规模开始进行生产，初期抗击市场风险的能力弱。

总之，投资比创业要承受更高的风险，可获得更高的利润。

值得警惕的是：风险投资者不是慈善家，他们是生意人，追求的是利益。换句话说，他们最喜欢做的是把企业包装好，然后把企业卖出去。开放创业板，是让他们容易出手包装后的企业，并不意味着风险降低。在全球经济低迷的情况下，中国成为投资市场的亮点，国外大量的PE/VC涌入中国，资本市场竞争激烈，风险日益增大。“一夜暴富”的财富神话让人心醉神迷，不过亿万财产都是账面上的，还有着更多的破产故事被VC省略了。

虽然从硬性条件来说，上创业板很容易，但是真正上市前作为创业者必须先考虑以下几个问题。

尽管创业板名义上的门槛很低，但是几乎所有的投资商都会推出自己手中的最强企业，所以最终是那些成立10年左右、收入利润指标高的企业竞争，这对新公司是不利的；在排队等待银监会审核的时候，市场会发生变化；条件虽然低，但是目前通过率不过80%，并不是一定会通过；上市前需要经过各项包装和准备，还需要支付一笔不菲的费用，可能会影响正常利润；上市后会多出新的股东，这对企业来说是新的开始。

总之，上市只是手段，绝不是最终目的。上市能实现账面财富，但是要实现实际财富，老老实实做好经营才是王道。

创业板

创业板上市，对企业来说是一个腾飞的机会，但也容易让人陷入狂热的骗局。

创业板的门槛

从官方规定的条件来看，创业板上市条件主要有三个：

1. 市盈率高。

公司最近两年必须盈利，而且两年净利润累计不少于1000万元，或者最近两年营业收入增长率不低于30%。

2. 规模大。

必须是经营3年以上的公司，而且上年末净资产不少于2000万元，发

对各种经济主体产生的冲击

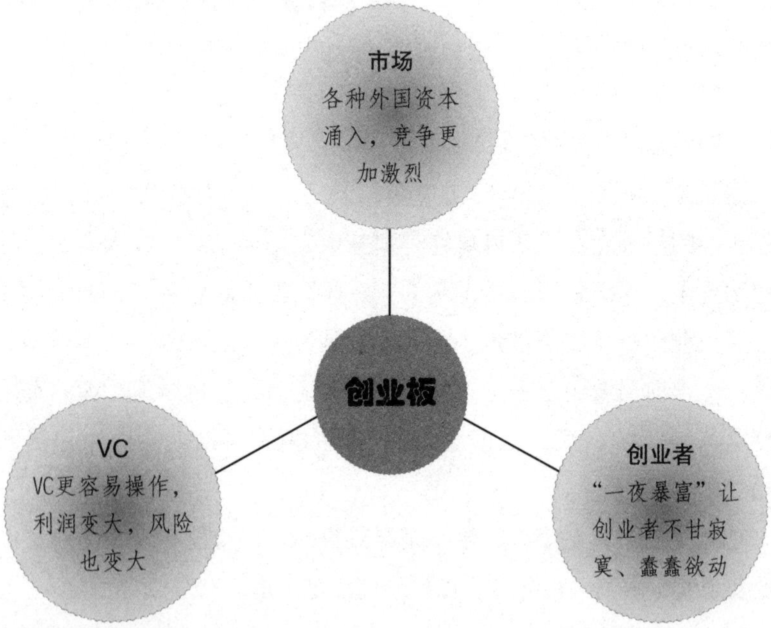

行股票不少于3000万元。

3. 合法。

主营业务突出，并且符合国家的产业政策和环保政策。

创业板又被称为二板市场，是指主板之外的专为暂时无法上市的中小企业和新兴公司提供融资途径和成长空间的证券交易市场。创业板在资本市场体系中占有很重要的地位，对主板市场做了有效补充。

早在1999年，深交所向中国证监会正式呈送了《深圳证券交易所关于进行创业板市场的方案研究的立项报告》。但是因2000年的网络股泡沫的破灭，创业板的创设一度被搁置。

第3章

享受巴菲特的思想盛宴

本章教你：

- 确定你的能力圈
- 人的情绪是投资的最大敌人
- 简单才是硬道理
- 不要太在意股市的短期波动

绝大多数人都认为巴菲特的投资天赋是与生俱来的，是上帝赐予的，然而巴菲特却不以为然。热衷于投资的人不管是否具有投资天赋，只要愿意不停地去学习，每个人都可以做到像巴菲特一样，或许还有可能超越他。巴菲特曾说："人们总是顽固地拒绝学习，而且在明知学习将对他们大有好处时还是如此。我们对于思考与改变总是存在巨大的抵抗力，多数人宁愿死也不愿动脑子，后来他们真的就死了。这句话千真万确。"在这一章里，让我们一同享受股神巴菲特的思想大餐吧。

确定自己的能力圈

一个成功的投资者，在一年的时间里所投资的股票通常不会超过10只，而绝大多数投资者在一年的时间里购买的股票可能是上百只。为什么会有这么大的差异？这是因为，普通投资者没有确定自己的能力圈。而巴菲特的投资特点就是明确自己的投资能力圈，投资自己了解的股票。

◎ 遵循“能力圈原则”

巴菲特成功投资的关键点就是遵循了能力圈原则。他说过：“投资人需要具备的条件是对所选择的企业进行正确评估的能力，尤其是‘所选择’的企业，它是指你要熟悉并了解你选择的公司，需要在自己的能力圈范围之内能够明确评估几家公司。要集中精力，不断对自己熟悉的企业进行深入研究，以使自己随时把握这一领域出现的新趋势，这样就可以做出明智的投资策略。”

巴菲特成功投资的关键点

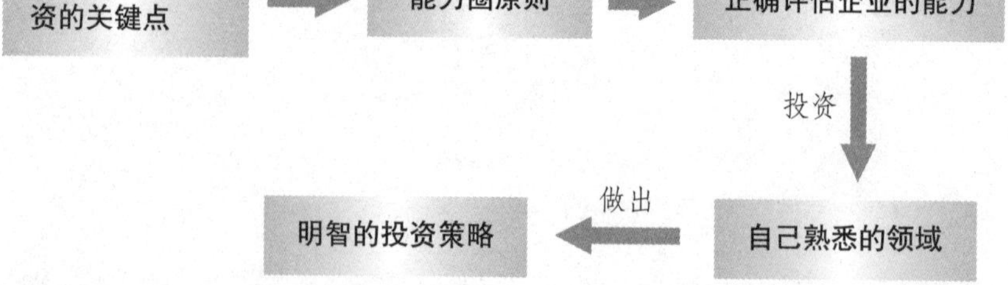

简单地理解，巴菲特所说的能力圈原则，和中国人常说的“人贵有自知之明”意思相近。也就是说，投资者在投资领域要想成功，做自己力所能及、擅长和熟悉的事，这样成功的可能性就会变大。

巴菲特认为，能力圈就像朋友圈一样，只在于精，不在于多少。一个真正的知己能够让你终生幸福，一个能力圈内的优秀公司可以让你受益终生。

◎ 运用“能力圈原则”选股

“能力圈原则”的本质就是巴菲特的选股方法：把自己了解的行业的名字周围画一个圈，然后划去那些没有内在价值和优秀管理，以及没有经受住困难考验的不合格企业，那些保留下来的企业就是值得花时间去研究和关注的企业。

Easy-going

任何人只专注于一件事情，且一直坚持下去，就一定会获得成功，投资也是如此。

在你的能力范围内做事，关键不是这个范围有多大，而是你划定的边界是否合理。

在巴菲特的投资策略中，有一条重要的原则，就是不去投资陌生和自己不了解的行业。在他的投资策略里，投资是一种理性的行为。他认为，如果投资者对一家企业很陌生，那么坚决不要投资。巴菲特在投资过程中，不管遇到什么情况依然坚守着自己的能力圈范围的基本原则，就如同他说的：“我们的工作就是专注于我们所了解的事情，这一点非常重要。”

巴菲特认为，投资那些你不了解的公司，那么你在投资中就会存在很大的盲目性，因而失败的可能性就非常大；而投资熟悉的公司，那么在投资过程中的目标相对来说就很明确，投资成功的可能性才会比较高。

在投资决策中，投资者不仅要熟悉并了解选择的行业，而且要明确自己的能力圈，并做出明确的投资策略。作为一个投资者，如果想成功，就应该按巴菲特的“能力圈原则”去做：首先，在投资过程中要画出你的“能力圈”；然后，要限定自己深入了解公司的数量。对于限制自己的能力圈，巴菲特曾经说过这样一句幽默的话：“要是你有40个妻子，你将永远不会熟悉她们每个人。”

此外，巴菲特还指出：“能力圈范围的大小并不重要，重要的是你清楚自己的能力圈范围，并能够确定能力圈范围的边界所在……如果你知道能力圈的边界所在，你一定会比那些能力圈虽然比你大5倍，但是却不知道边界在哪里的投资者要富有得多。”

◎ 巴菲特成功秘诀：坚守“能力圈”原则

巴菲特作为世界上最为成功的投资大师，其中有一个很重要的因素是他的自制能力很强，他一直坚守自己的能力圈。他说过：“对于大多数投资者而言，重要的不是他到底知道什么，而是他们是否真正明白自己到底不知道什么。”

纵观巴菲特的投资生涯，人们会发现，巴菲特从小到大，一直坚持投资自己非常熟悉的公司：从他在儿童时期就卖过的可口可乐，到13岁时做兼职报童并连续送报送了3年多的《华盛顿邮报》，后来到他常

你的能力圈原则

常使用其信用卡的美国运通，再到他每天都要用到的剃须刀的生产商吉列，一直到最后并入宝洁……在他所投资的企业中，基本上没有一家是高科技企业。可见，巴菲特在投资中一直坚守能力圈原则。

其实，在投资中坚持能力圈原则最大的困难是，怎样抵抗住为了追逐巨大的利润而迈出能力圈的诱惑。一个投资者能做到这一点是非常难得的。例如，巴菲特在20世纪90年代后期的投资，当时美国的网络高科技股正处于大牛市，巴菲特却连一股都没有购买，虽然当时的股市上升到21%，他得到的盈利也很多，但巴菲特还是坚守着能力圈

选股的最佳方式

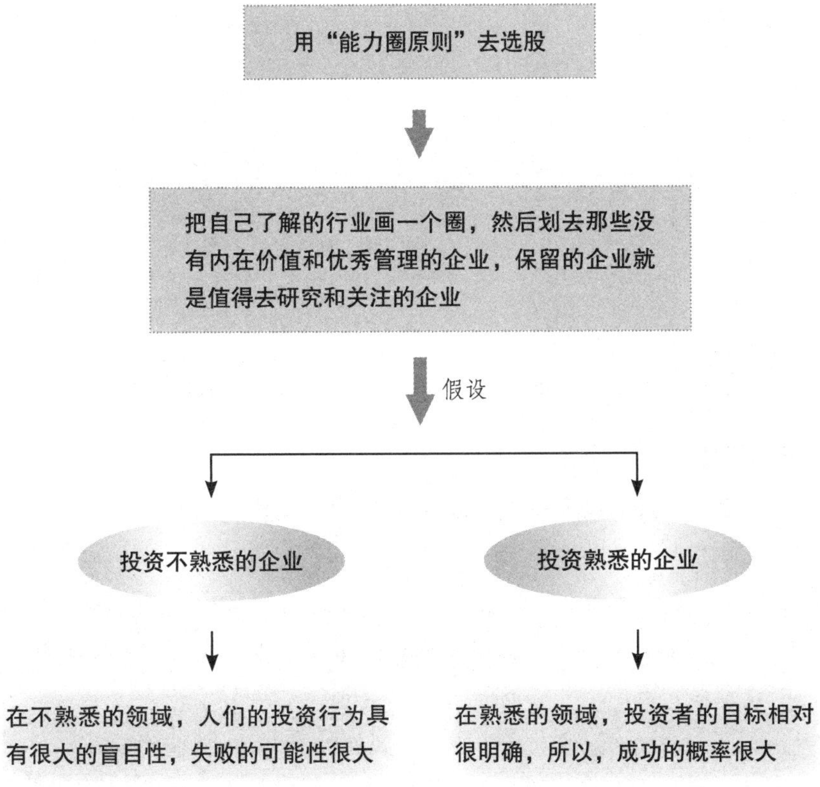

原则不动摇。直到2000年，美国股市网络股瞬间连跌三年，跌幅很大，而巴菲特却在那三年盈利10%，可以说是他坚持的能力圈原则让其跑赢了市场。

在巴菲特的投资生涯中，他所有的投资活动都遵循着能力圈原则，只投资自己熟悉和了解的企业。巴菲特也因为坚持能力圈原则，成功地避开了各种各样的投资陷阱。

巴菲特的“熟悉”

	普通人的了解	巴菲特的熟悉	熟悉的好处
可口可乐	喝过	5岁就在家门口摆地摊卖过	了解其市场状况
《华盛顿邮报》	看过	13岁时利用课余时间当过报童	了解其现金状况
美国运通	用过	经常使用其信用卡	了解其服务水平
吉列	用过	每天使用它生产的剃须刀	了解其产品质量
网络	玩过	不了解	不投资

投资实战

背景理论

投资中的能力圈范围，就如同家喻户晓的《西游记》中的唐僧一定要坐在孙悟空给他画的圈里一样，因为只有这样才安全可靠。这是对于投资者坚守在自己熟悉的投资领域中最好的比喻。

清晰地了解自己核心能力所在的投资领域，并将自己的投资限定在这个领域中，这样成功的可能性比那些毫无边际漫天撒网的可能性要大很多。

投资进行

1999年，美国网络股疯狂上涨，巴菲特却不为所动，一只网络股、高科技股也不买，继续坚决持有自己熟悉的可口可乐等传统行业股票。

“如果说我们具备某种优势的话，那么优势应该在于我们能够认识到什么时候我们是在能力圈之内如鱼得水，而什么时候我们已经接近于能力圈的边界。在快速变化的产业中，预测一个企业的长期经济前景远远超出了我们的能力圈边界。如果其他人声称拥有高科技产业中的公司经济前景的预测技巧，我们既不会嫉妒也不会模仿他们。相反，我们只是固守于我们所能理解的行业。如果我们偏离这些行业，我们一定是不小心走神了，而绝不会是我们因急躁不安而用幻想代替了理智。”

投资结果

巴菲特首次投资于生产罐装饮品的可口可乐公司，就达到10.2392亿美元。他用这笔钱购买了可口可乐公司2335万股。1990年，由于股票分拆为2：1，因此伯克希尔公司得到了4670万股。到了1992年，再按照2：1的比例进行股票分拆，它又得到9340万股。1994年中期，巴菲特又再次投资购买这家公司的股票，使得伯克希尔公司所持有的可口可乐股份达到约1亿股。这一数字通过在1996年的2：1比例分股，已经达到2亿股份。

2000年开始，美国网络股泡沫破裂，股市3年暴跌一半，但巴菲特却毫发无损。

投资分析

多数人投资失败的第一大原因，就是违反了能力圈原则，买入了自己能力圈范围以外的公司股票。很多人只是因为看了新闻报道，听了股评，就选择了自己不怎么了解甚至根本不了解的所谓高科技股或者概念股，结果大亏。如果让他们合伙去做和买入股票的公司同样的生意，他们绝对不会去做。

让我们遭受最大失败的敌人，不是别人，而是我们自己。当我们离开自己了解和擅长的能力圈时，如同离开根据地孤军突进的部队，如同离水上岸的蛟龙，如同离开老巢下山进入平原的猛虎。

巴菲特投资吉列的理由

他是一个男人，要天天刮胡子	“每当我在晚上入睡之前，想到明天早晨全世界会有25亿男人不得不剃须的时候，我的心头就一阵狂喜”
吉列是一家老牌公司、百年老店	极具稳定性
吉列的产品不断创新，是名牌中的名牌	不断创新，不断开创蓝海，让吉列尽享高利润和高增长
吉列是剃须行业中的绝对龙头	“世界上每年剃须刀片消费量为200亿～210亿片。其中30%是吉列生产的，但按市场份额计算，吉列在全球刀片销售额中占了60%”

情绪是投资的惊人力量

在投资理财中，投资就是一种金钱和数字的游戏，能否掌控好自己的投资情绪在投资理财中是非常重要的。股票市场诞生 1 个多世纪以来，很多投资者在他们的投资生涯中仍然是感情用事，并没有改变自己的投资行为，反而常常被困于恐惧和贪婪两种投资心理之中，所以他们在投资中常常会有愚蠢与错误的表现。

◎ 把控好你的情绪

因为股市是受所有股票持有人的集体决策所影响的，所以，可以说整个股票市场就受股民的心理因素所影响，而股市通常就存在希望和害怕这两种情感，人们也因此受这两种情感的驱动，去做出买进或卖出的投资决策，这其中就包括两种决策结果，即明智与愚蠢。

巴菲特说过："当人们贪婪的时候，他们时常会以愚蠢的价格买进股票，某些股票的长期价值取决于企业的经济发展，而不是每天的市场行情。"他的潜在意思就是，告诉那些投资者不要急功近利，应该时刻拥有一颗平静的心去面对股市的波动。

然而，很多人在面对巨大利益的时候，都会失去理性。绝大多数投资者是出于对巨大利润的无限渴望，然而其情绪却总是占据上风。事实上，每个投资者因情绪付出的代价比无知付出的代

Easy-going

巴菲特认为：投资者的最大敌人不是股市而是投资者本身。每个人不需要比别人聪明，但一定要比别人更具有自控力。

情绪会大大影响股市

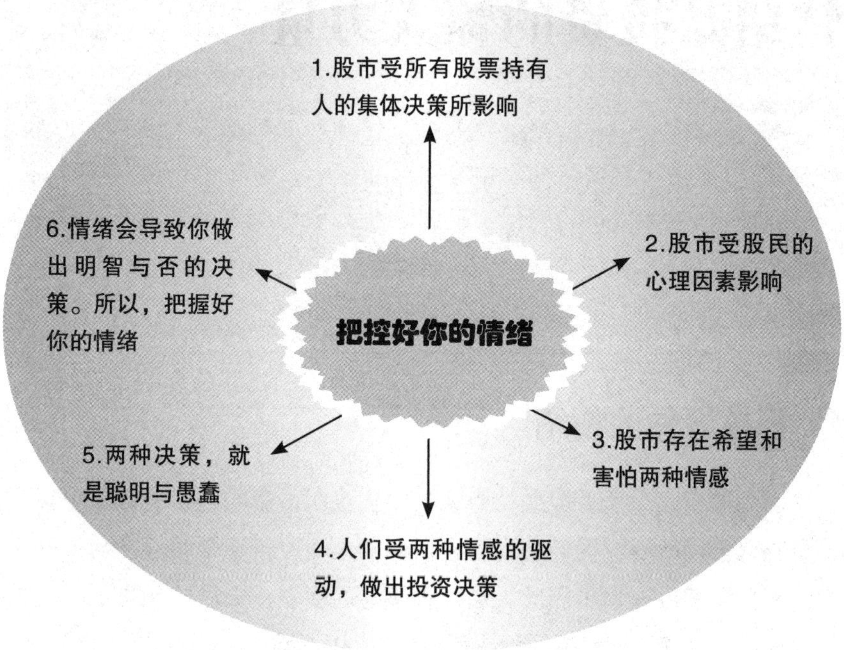

不成熟的投资方式

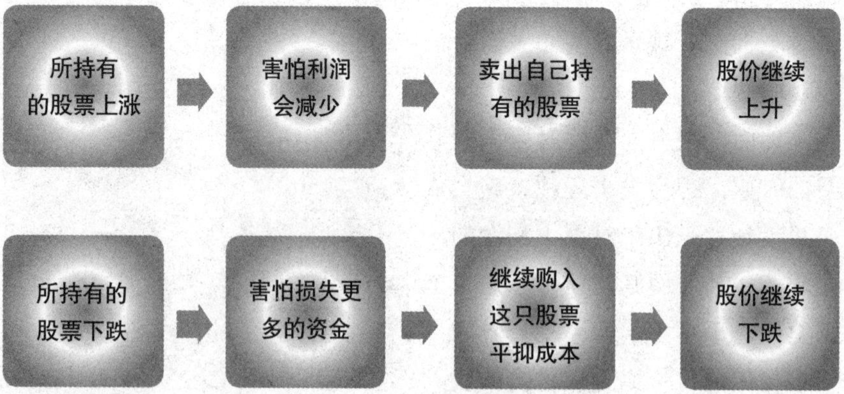

价更大。对那些在投资中善变的人来说，更是一样。每个人作为社会中的一员，情绪很容易受到外界环境的影响，所以，对于股市中的巨大利

小故事

巴菲特生平第一只股票

巴菲特在投资领域里如此成功，他是从何时开始意识到要掌控好自己情绪的呢？是从11岁开始的，这也是他购买人生中第一只股票的时候。

有一天，小巴菲特拿出股价走势图，认真地看着上面的涨跌趋势，其中一只叫“城市服务公司”的股票吸引了他，少年巴菲特根据自己长期以来积累的股票经验，知道这只股票会上涨。

于是，小巴菲特以自己积攒下来的35美元，购买了三股“城市服务公司”的股票。但是没过多长时间，这只股票就跌了，小巴菲特很着急，他只好说服了姐姐，让她也一起加入，两人以33美元又买进了几股。巴菲特很兴奋地等待出手股票。然而，这只股票依旧不断地下跌。姐姐开始不断地指责并抱怨小巴菲特选错了股票。

没想到，过了一段时间后，“城市服务公司”股价竟然涨高了，小巴菲特很是神气，决定将自己和姐姐手中的股票一起出手，以获取更多的钱，来向姐姐示好。他卖掉股票不久之后，这只股票不断狂升，从40美元一直升到200美元，巴菲特非常后悔，姐姐又开始责备他了。

巴菲特平生第一次买股票，可谓是一波三折。事后，巴菲特总结出平生第一条投资经验：在股市中，不要太在意别人的言论，他人的建议只能让你更困惑，而你需要做的是相信自己的判断，坚持下去，并且掌控好自己的情绪，才能成功。

润是无法抗拒的，对成功和失败的可能性是无法预知到的。从心理学的角度来说，这是一种承体信念的力量，这种力量不仅会让我们不自觉地受到外部环境的干扰，也会影响着我们每个人所做出的决策。要想在投资这一领域有所成就，除了冷静、仔细地观察，还要控制自己的情绪。

一般在投资市场中，每个人的情绪都是彼此间相互影响的。特别是女性投资者，更容易受到他人的情绪影响，很多有关股市的影视作品就很好地体现了这一点。

在投资领域中，每个人的情绪都是变化无常的。最容易出现的现象就是“一涨就卖”和“越跌越买”。

当你手中持有的股票下跌时，你开始害怕损失更多的资金，所以，你决定跟着股市走卖出自己手中拥有的这只股票。而那些在股价升高时舍不得出手的投资者，会因为本应该属于自己的财富转眼间化为泡影，而感叹自己悔不当初。这样就使得投资者们心神不宁，进而导致市场变动。

当你所持有的股票开始上涨的时候，你或许又开始害怕自己的利润会减少，于是你决定把自己手中的股票立即卖出。但是，当你卖出后，股价却像浪潮一样还在疯狂地上涨，你又开始感到惋惜。

在投资领域中，不管你有多么丰富的数学、金融和财会的理论知识，如果不能很好地掌控自己的情绪，那么你成功的可能性就很小。投资并不是一场智力游戏，一个智商160的人，不一定能胜过一个智商130的人，投资成功的关键性因素就是要学会战胜非理性情绪。

◎ 巴菲特的情绪管理方式

巴菲特之所以连续多年夺得世界首富的宝座，除了他有一套独特的投资理论，情绪管理也是非常重要的。他在投资时，可以完全不受情绪的掌控，不管市场发生什么，他依然很沉着。一旦手里持有的股票不符合他的理念，他就会不管市场的变化，毫不犹豫地卖掉。他如此果断靠的是以下两项重要法宝：

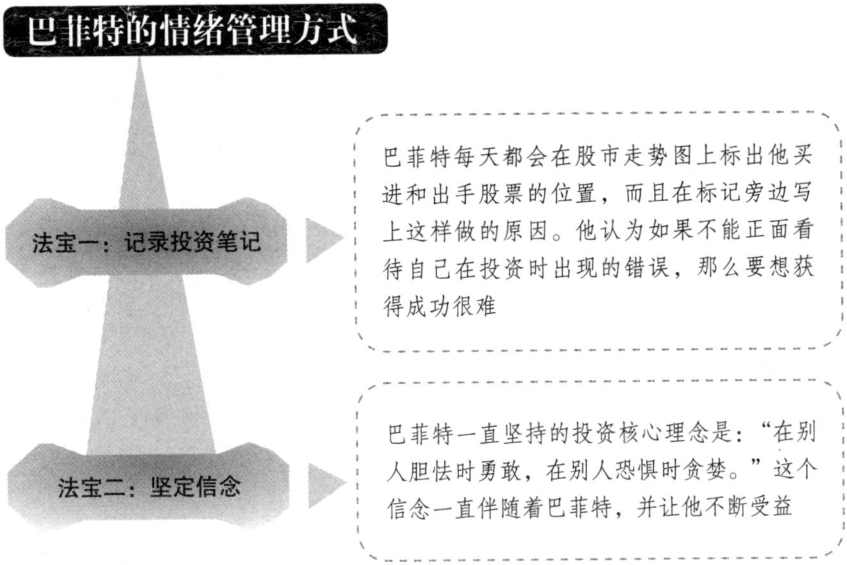

投资实战

理论背景

一个投资者，无论投资基金还是股票，都要控制好自己的情绪，在头脑清醒、思维理智的情况下做出的投资行为，才会对投资理财过程产生积极的正面影响，从而获得满意的回报。

在投资理财过程中，低落的情绪会产生负面影响，所以要随时拥有一个好的情绪。因为投资者只有在好的情绪下，才会有清晰、理性的思维，理性的思维会带来长期的较高回报。

在投资中，需要把自己的情绪调整到一个较高的认识层面上。要学会懂得管理自己的情绪，当你意识到自己的情绪低落时，就要选择马上离开投资市场，找到一种快速有效地调整情绪的方法，让好的情绪尽快到来。若能在投资过程中控制好自己的情绪，那么你距离成功就不远了。

投资进行

投资者的情绪和行为与股市的趋势形成相辅相成的关系，投资者行为心理在市场不同阶段有不同的作用，它不是决定市场趋势的主要因素，却往往是强化原来趋势的主要因素。也就是说，由于业绩、估值等因素的变化导致市场出现触底反弹后，众多投资者在市场上涨和财富效应的影响下，产生投资的冲动和情绪，形成一种正反馈现象或者“羊群效应”，从而带来了新的资金来源，进一步推动股市的上涨；反之亦然。

利用上证指数日收益率的60日移动方差可解释这种正反馈效应，结果显示，市场中的这种正反馈效应越来越明显，在牛市中这种正反馈效应指数不断上行，甚至超越分析师们的估计；而在熊市中这种正反馈效应则会造成下跌幅度的过度反应。

投资结果

耶鲁大学与CCER联合开展了中国投资者信心指数的调查，主要面向券商、基金、银行、保险、专业财经媒体等金融机构与个

耶鲁大学与CCER开展的中国投资者信心指数

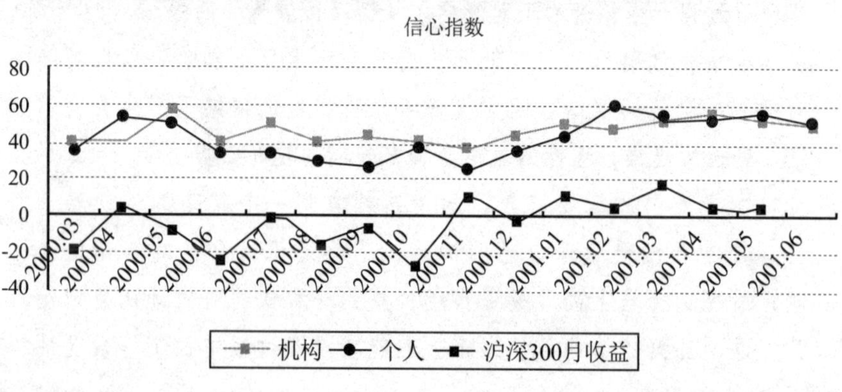

人，进行问卷调查，从而得出投资者信心指数。从结果来看，该指数对指数收益也有较好的指示作用。投资者信心指数在内地市场也有很好的应用前景。

投资分析

牛市初期、中期、晚期，不同类型投资者的博弈促成了正反馈效应。

当市场估值较低时，机构投资者在牛市初期持续入市，是一轮行情的始作俑者。而普通投资者通常在牛市的中期，即牛市趋势已经完全确立后出现情绪高涨，开户数增多，但在牛市后期由于资金枯竭等原因导致这种行为趋缓。此时，由于散户对于行情的推动，迫使机构投资者进行加仓跟进，这种博弈的结果使得正反馈不断加强，直至可用资金最大化。

当市场估值过高时，正反馈博弈过程与之相反。

简单才会成功

在全世界知名的明星巨型企业里，遍布世界各地的麦当劳最懂得“简单就是力量”这句话的含义了，它以最简单的产品和容易成功复制的简单化、标准化和专业化的经营管理模式，进入世界500强企业之列。所以，有的时候，简单就是制胜的法宝。

◎ 最赚钱的股经最简单

20世纪最有影响力的英国数学家伯特兰·罗素曾给他的学生出过一道数学题：1＋1=？那些高材生目瞪口呆，但是没有人作答。这是一个简单到连幼儿园的孩子都知道答案的数学题，当时高才生们却感到无所适从，没有人去回答。

股市大亨巴菲特说过：“最赚钱的股经最简单。”美国证券领域最成功的实践家、全世界最伟大的投资家罗杰斯也说过：“在股市上赚钱其实很简单——只需等到钱堆在角落里，我所要做的仅仅是走过去拾起那些钱，在此期间我什么事也不做。”

很多人都认为，要想获得成功，一定要做出非常卓越的事，投资理财更是如此。但是，巴菲特的老师格雷厄姆说过这样一句话：“在投资中欲成非凡之功，未必需要做非凡之事。”巴菲特也遵循了这一简单的法则：专注、认真，将最简单、最基本的

Easy-going

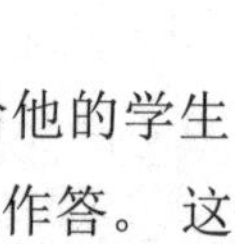

巴菲特说过：真正的投资策略就像生活常识一样，简单得不能再简单了。

事情做好，尽量记住准备要做的事情。

巴菲特成功的最大秘密是信仰并坚持一个理念和行为，这一理念和行为又以简单为核心，选股原则、决策机制、组织体系都非常简单。巴菲特的投资理念和投资模式都是简单的，可见，在投资领域中，有正确的投资理论和方法，一定是非常简单的，只有简单才能成功。他认为，投资的关键是你很容易将那些简单的事情做好。因为简单的事情想要做好更难，要避免错误，这样也有利于你在投资领域取得成功。

投资要点

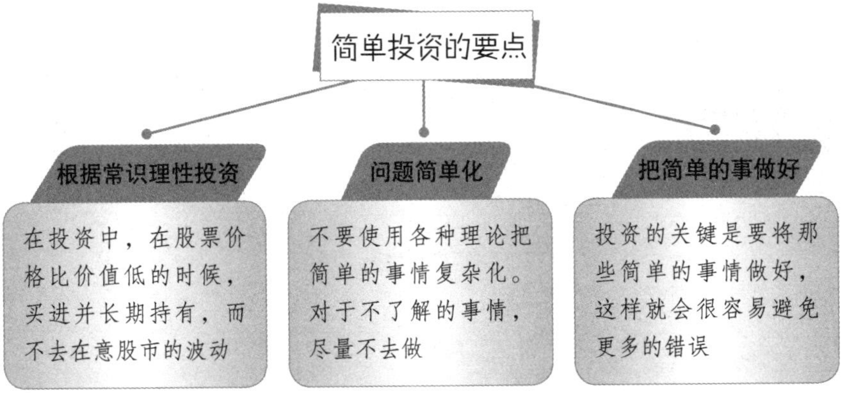

◎ 巴菲特的简单之道

巴菲特崇尚简单行事，坚持价值投资，可以说在任何情况下，他都不会被复杂的市场和复杂的学院理论捆绑。巴菲特的简单投资之道，蕴含了很多方面的知识，如心理学、管理学、经济学等。简单和常理成为巴菲特清晰判断事物的指示盘。

巴菲特的简单投资之道主要有以下三点：

1. 方法：学会选择与避开。

投资是一个充满风险的行业，很多人在股市中因为不懂得选择和避开而失败，但是巴菲特在自己的投资生涯中，却很成功，而其中就包括他的简单投资之道中一条非常好的方法：要么选择，要么避开。他会选择自己熟悉的领域，避开自己陌生的领域。

2. 基础：理性投资。

巴菲特在投资过程中非常理性，从不在自己陌生的领域投资，不会冒充某一个不熟悉领域的行家，更不会拿一分钱去冒险。

3. 宗旨：把股票看成商品。

大多数投资者或许会把股票看成一种赌博的筹码，将自己的投资活动看成一场赌博游戏。但是，在巴菲特看来，股票只是一种商品。在他评估一只股票价值的时候，将股票的增长看成价值的另一个方面，拒绝股市复杂化的各种理论，不涉足不熟悉的领域，不理会市场的波动。

大师的投资要领

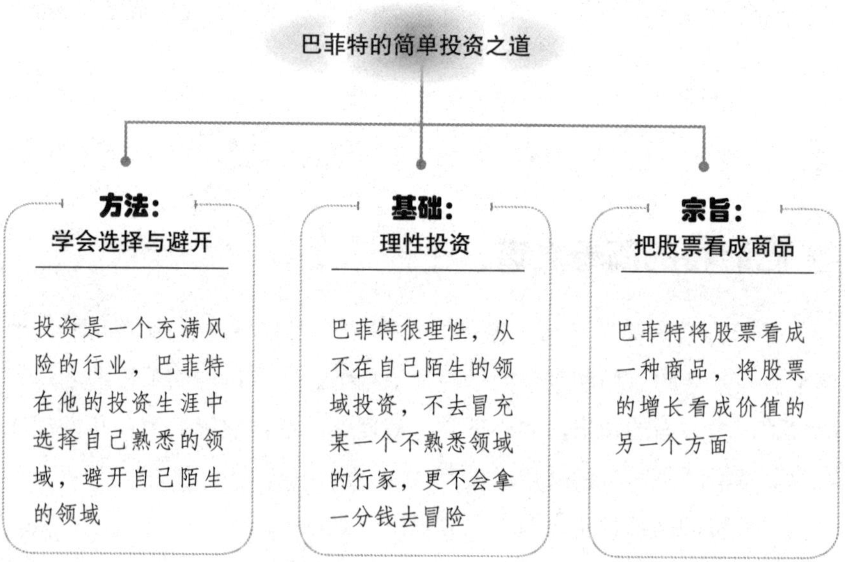

小故事

巴菲特生活中的简单原则

巴菲特作为世界顶尖级的投资大师，简单之道成为他投资策略的一种方式，占据着一定的地位。在他的日常生活中，他也力求简单。在饮食方面，巴菲特不是太讲究，所吃的食物是大街上很普通的汉堡和可乐。他很少抽烟、喝酒，很少参加社交活动，高档饭店也很难看见他的身影。他的穿着也是非常简单的。

投资实战

背景理论

央行决定，自2011年7月7日起上调金融机构人民币存贷款基准利率，一年期存贷款基准利率分别上调0.25个百分点。加息之后股市没有恐慌。平静的一周过去了，发现一周中有几个并不复杂的反差。

一个反差是对加息预测的态度。当时媒体报道央行加息的消息后，互联网上相关平台就立即热闹起来，尤其新浪微博更是达到了沸腾的程度，经济学家、券商研究人员和各种各样的“首席”都发表了自己的看法。专家的反应也在预期中，说自己第N次准确预测成功。

投资进行

有的认为此次加息属于在充分预期之内的补加，不会对货币市场和资本市场产生特别大的影响，而没有采用非对称加息也不会对银行利差产生影响。有的认为央行这次突然加息不仅短期对股市没有利空而且年内不会加息了，包括国泰君安和中信证券在内的四大券商给出了一致或相似的预测：年内加息已结束，继续加息的可能性不大。上述反差其实说明，对宏观政策的预测其实差别不大。

投资结果

由于股市的走弱，人们大叫熊市时，新股不仅发行市盈率大幅下降，而且连连破发。2011年6月30日上市的比亚迪(002594股)以惊人的表现，再度让人领略了股市的精彩。从18元的发行价，到2011年7月6日盘中35.55元的最高价。这种飙升让看空的券商无地自容，上市前，多家券商分析师对比亚迪的合理价格区间进行了预测，其中有6家券商给出的价格区间下限是破发。给予定价区间价格下限最低一家券商，价格区间为13.97~17.36元/股。

比亚迪的股价已经告诉人们股市已经发生变化，基本面变了吗？没有。加息了，说明通胀状况没有好转，那怎么股市大盘不跌，反而大炒新股比亚迪呢？

投资分析

可重复性，即同样的实验条件下能重复验证的才能成立。股市作为人类活动的产物也会服从自身的规律，问题就是如何把握这些规律。

对一些小投资者（散户）来说，简单投资只需要做到这么几点就可以了。

一是关注身边的公司。

二是关注自己所在行业的公司。选择自己熟悉行业中的佼佼者，提前布局，及时撤退，既可分享行业的成长又可回避风险。

三是关注非证券类信息。做股票不要仅关注自己所买的股票，还要多关心市场中的其他信息。

把握股票买卖的时机

对每一个投资者来说，他最关心的问题或许就是怎么掌握好股票的买进和卖出的时机。在巴菲特的投资生涯中，他的投资策略就是以长期投资的心态去选择那些不被人们看好，即将下跌的股票。巴菲特在投资股票中，不要求买在最低点，重要的是这只股票安全就好；在卖出股票时是选择在股价上涨，且股票不值得长期投资的时候抛掉手中的股票，他卖出股票的时候不要求卖在最高点，只要能够赚钱就好。

◎ 买卖由企业内在价值决定

巴菲特的恩师格雷厄姆，在他的投资理论中特别强调了投资过程中的购买时机，认为投资者买进股票的较好时机是在股票价格最低的时候买进。

Easy-going

股市波动是正常现象，投资者不需要跟随“市场先生”而翩翩起舞！

巴菲特也很认同这一点，他认为投资者需在股市中耐心等待股票买进的时机，但是他也强调了一点，就是投资者最好不要奢望在股票的最低点买进，只要有很大的安全性，就可以出手交易了。

如果一个投资者在投资前对想要投资的企业做了一个深入的调查和分析，就表示他已经读懂了巴菲特的价值投资策略。那么，以下这几种情况，就是出手的大好时机。

第一种情况：某个新企业是被人们看好的，其前景有发展的潜力，具有投资价值且刚开始启动。

这种新企业就是你需要投资的。因为新企业的新产品刚刚开始上市的时候，会经过一个打开市场较为困难的时期。很多投资者面对这种情况，都会对新企业有些担心，很不相信，所以这样的新企业就很难成为大家投资的目标。而此时，如果你对新企业及其产品与未来的发展前景进行深入了解，就可以大胆出手了。

第二种情况：当一些优秀的公司被外界的一些负面消息所困，而其企业价值又不被市场看好的时候——这也是巴菲特在投资中常用的一招。

第三种情况：在投资市场中，当别人贪婪时恐惧，当别人

Easy-going

内在价值有两重含义，在财务分析方面，是指将公司财务数据输入某种估价理论公式或模型而得出的企业价值；在期权方面，是指期权合同交割价格或者约定价格与相应股票市场价格之间的价格差距。

最佳买进时机的三种情况

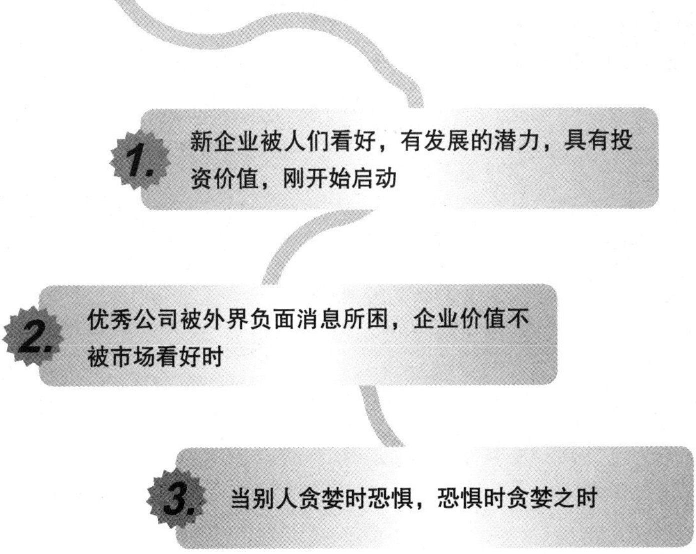

恐惧时贪婪的时候。

对于投资者出手卖掉股票，巴菲特说过这样一句话：“如果你拥有的是一家很差的企业，你应该将它出手，因为丢弃它，你才能在长期的时间里拥有更好的企业。但如果你拥有的是一家优秀企业，千万不要把它出售。”

巴菲特告诉投资者，如果一个企业出现两种变化的时候，那么投资者最佳的抉择就是卖出手中的股票：第一种情况是当投资者发现自己当初对一家公司所做的评估是不正确的时候；第二种情况是一家公司的管理方式出现了很大的改变，或是这家企业未来发展的空间很小，甚至开始出现下滑的时候。

在投资市场中，其实有很多投资者会在以下三种情况下，很着急地卖掉自己的股票：

1. 投资者发现自己手中的股票价格不断地上涨，于是就迫不及待地想要获利而卖掉手中的股票。假如你是一个股市中的投机者，那么这种情况是你抛出自己股票的最佳理由。但是，作为一个真正的投资者，如果你坚信自己最初做出的选择是正确的话，就不会因为股价不断地上涨

你是其中哪一种

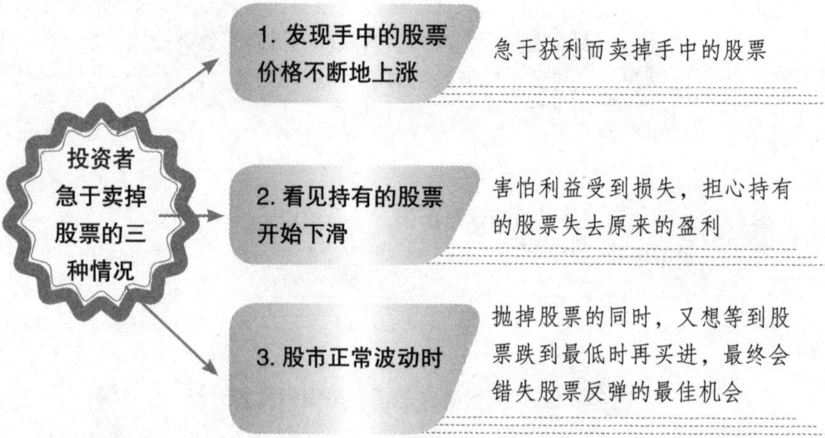

就急于出售自己手中的股票，因为真正优秀的大型公司将会不断地发展壮大，它的股票也会随之逐渐上升。只要这个企业有好的发展趋势，就不应该着急将它的股票抛售。

2. 投资者看见持有的股票价格开始下滑时卖掉股票。大多数投资者看到股市出现正常波动的时候，就畏惧自己的利益受到损失，或担心持有的股票失去原来的盈利，于是就快速将手中的股票卖掉。

3. 投资者往往是在股票市场正常波动情况下抛掉手中的股票，同时又希望出手的股票跌到最低的时候再重新买进。这种投资者的做法看上去似乎很合理，但在现实股市中，就常常会错失股票反弹的最佳机会。

巴菲特认为，投资者在选择股票的时候，应该事先对自己选择的企业有深入全面的了解，并对这家企业的未来发展有合理的评估，没必要为了股市的波动差价而费心。

◎ 该出手时就出手

在巴菲特的投资中，我们可以随着巴菲特购买股票的时机进一步地去探讨：

第一个时间点就是投资者在股票市场暴跌或经济不繁荣的时候出手。

因为当股票市场下跌的时候，大多数投资者都会陷入害怕中，市场中出现这种恐慌情况，就会造成很多人不敢出手买进股票。然而巴菲特却将星期一（1987年10月19日，全球性的股灾）这样的股市看作投资者“绝佳的出手良机”。当股票市场不断下跌时，基本上所有的企业都会随之而受到影响，但对优秀的企业来说，股价下跌只是短期现象，与公司的业绩没有太大的关系，它的股票价值迟早会回到原来的水平上，所以，这个时候就是投资者买进股票的绝佳时机。

第二个时间点是与股票市场的行情没有关系。

企业有时会因为特殊事件，如遇到麻烦、出现不顺利的事情，导

买进股票的最佳时间点

购买时机

第一个时间点是在股票市场暴跌或经济不繁荣时购买。

因为当股票市场下跌时，会出现恐慌，造成很多人不敢出手买进股票。此时是购买的最佳时机

第二个时间点是买进时与股票市场的行情没有关系。

企业有时因为特殊事件，遇到不顺事情而导致股价下跌

致股价下跌。例如，大型专案失败（因为技术改良、并购等事件）或企业的产品中出现不良产品时，不管这个企业口碑多好，多么优秀，其股价也会随之而下跌。此时，虽然这样的企业出现了困惑和危机，但对投资者来说却是个非常好的投资机会。

当然，如果一个企业的股价下跌是因其不合法的行为或其他任何致命性原因所造成，就要重新选择了。

小故事

巴菲特出手的那一年

1973年初，美国股市发生大崩盘，《华盛顿邮报》的股价突然下跌到将近一半。此时，巴菲特看准了时机大胆地买进这家企业超过1000万美元的股票，到2005年，这些股票的市值达到了10亿美元。

◎ 相信自己的直觉

Easy-going

强调直觉的重要性，并不是忽视投资因素的影响性，让投资者在明知风险很大的情况下，还坚持“直觉”进行投资。

巴菲特虽然以股市投资而出名，但是在他的办公室里，却找不到任何和股市研究相关的设备。在回答这个疑问的时候，巴菲特给出了一个奇怪的答案：“买卖时机的决策完全来源于直觉，凡是自己感觉有利润的股票就大胆购买，而觉得要面对风险的时候，就需要果断地出手。”

事实上，巴菲特的直觉并不是毫无根据，而是源于他之前对所投资股票的企业的详细了解和研究。巴菲特说，经过对企业的仔细研究，如果该企业令他满意，那么购买和出手的时机只要凭借直觉就可以了。

在实际投资活动中，有大批投资者和巴菲特一样，最初的感觉都是该股票值得购买，所以果断购买，接着感觉该股票可能存在风险因素而改变主意。在这里，必须要记住的是你的直觉是非常重要的。应该像巴菲特那样，做一个拥有天才般直觉的投资者。

投资实战

理论背景

除了大范围内的购入时机的判断，在实际进行购入和卖出操作时，也需要注意一下时间。虽然对大投资者来说，一天内时间变化引起的股票购入和卖出差价的变动基本上可以忽略不计，但是对小投资者来说，还是需要一点小技巧，把握投资时间的。

投资进行

上升的股票一般在开盘后快速上涨，然后在高位震荡，这种现象的本质是主力快速拉高股价后，让跟风者在高位进货，抬高跟风者的成本有利于主力减轻拉高股价中的阻力。开盘后15分钟买进，最大的好处是当日买进当日就可能享受到盈利。

闭市前15分钟，经过近4小时的多空搏杀，该涨的涨了，该跌的跌了，如何收盘代表了主力对次日的看法。若主力看好次日行情，则尾盘拉升甚至涨停，目的是继续抬高跟风者的成本；主力出货时也用尾盘拉升的方法，目的是尽量把价格控制在高位，尽量把货卖出在较高的价格，如何辨别这两个目的需要日K线分析确定。若主力看坏次日行情，则尾盘下跌甚至跌停，目的是快速减仓兑现盈利；主力进货时也用尾盘下跌的方法，目的是尽量把价格控制在低位，尽量压低买进价格，如何辨别这两个目的同样需要日K线分析确定。闭市前15分钟买进，最大的好处是回避了当日的风险，不至于当日买进当日被套。

股票的上涨与下跌，主力一般是有预谋、有计划、有步骤的。连续上涨的股票，如果开盘第一笔成交量异常放大，则预示主力要减仓了，这样就必须在开盘后15分钟内利用分时图技术果断卖出了，错过了这个机会股价将逐波滑落，后悔晚矣。

10点半是出公告股票开盘的时间，有的股票因利好消息而高开高走，同时拉动同板块股票跟风上涨，但跟风上涨一般是间歇性的，冲高回落的概率很高，大盘运行也一般在11点左右出现高点，10点45分左右一般是逢高卖出的机会，而不能买进，多数此时买进股票的股友到下午收盘时被套的可能性很大。

投资结果

要使自己能够确定每天的最佳入市时间，必须了解股市每天的敏感时刻。

深、沪股市每天早上9：30开市，11：30收市；下午

13：00开市，15：00收市。其中最敏感的时间是在收市前10分钟，即14：50—15：00，因为实际上，每日开盘后不少买家和卖家会整日“捉迷藏”，使出很多花样，目的就是寻找一个好的价位，但在收市前他们一定要付诸行动。因此，如果你对一只股票有兴趣，建议不要急于进出，应留意全日的买家及卖家阵容，尤其是在最后10分钟，观察买家及卖家供求的变化，再决定买卖，这样做稳当而不太冒风险，操作更理智些。相反，当早上开市时您要特别小心，尤其是一些波动大但成交量稀疏的个股，较好的办法是待股价稳定下来再决定买或卖，因此在开市后半小时或1小时内，不宜做任何决定，只宜作壁上观，仔细分析价量变化。

假如您一开市便入市投资，通常会以“不真实价位”成交，此时入市往往与下午的市价有很大的出入，如果侥幸的话您会有些收获，但也可能损失不菲，而一般机构投资者会整日陆续入市。所以，如果您缺乏信息，建议还是在收市前，当价格反映真实供求状况时再入市。

投资分析

在下跌之后卖出股票，是什么意思呢？就是不要去预测股票什么时候到顶，也不要预测什么时候会下跌，等待市场给出答案，当趋势出现转折后，再行操作，我们称之为右侧交易。

假设投资者购入一只10元的股票，当其上涨到12元的时候，投资者担心大盘见顶，选择卖出股票。但是股票继续上涨到13元，投资者后悔，购入股票，15元时投资者害怕大盘见顶，卖出。结果股价继续上涨，17元时投资者又买回来，到20元时又卖出。如此循环下去，那么总有一天，股价开始下跌。但是因为有之前几次股票在脱手后又重新上涨的经历，所以投资者会不甘心卖出，眼看股票一直下跌，直到跌破12元，投资者被套牢。

正确的做法是，10元买入后，在9元设置止损，当股价涨到12元时，将止损位提高到10.8元，股价涨到15元时，将止损位提高到13.5元……当股价涨到22元时，止损位提高到19.8元，当股价往回跌到20元时，时刻准备着，当跌破19.8元时，卖出股票，结束战役。

集中投资才能获益更丰

在巴菲特的投资生涯中，他的投资策略是值得人们关注的，他的投资策略中最重要的一点就是集中投资策略。集中投资是一种非常简单的投资策略，也是一种和其他投资方式不一样的方式。巴菲特大部分的资产都来自于为数不多的几只股票，我们现在就一起来分享他的集中投资策略。

◎ 把鸡蛋放在同一个篮子里

集中投资在很多人看来是一种很平常的策略，但是很长时间以来，这种投资策略又容易被投资界忽略。集中投资在多数人看来，与经验丰富的投资者的策略大不相同。世界上著名的集中投资家费雪认为，当投资者在市场上遇到百年一遇的好机会时，投资者唯一理性明智的做法就是下大赌注。

分散投资在很多人看来是个很不错的策略，这种策略也受到不少投资者的青睐，他们认为应该把鸡蛋放在不同的篮子里比较安全。然而，巴菲特却有自己独特的见解，他认为，一个人的精力是很有限的，与其照顾那么多的鸡蛋篮子，还不如把鸡蛋放在一个大篮子里，然后小心地看护好。就股票来说，与其将资金放在不了解的股票上，还不如集中放在自己熟悉并了解的股票上，这样就可以集中精力和时间看护好自己的资金。就像巴菲特所说："我们的投资仅集中在几家杰出的公司上，我们是集中投资者。"

巴菲特是一个典型的集中投资者，对集中投资的看法，巴菲特曾经这样表述其观点："如果你能够清晰地了解产业经济，那么你应该就能找出5~10家股价合理，且具有长期竞争优势的企业。那个时候，投资中的一般性的分散风险的理论，对投资者来说就没有任何意义了。如果那样的做法反而会损害到你的投资成果，且增加你的投资风险，那么我真的想不通那些投资人为什么要把钱放在排名第20位的股票上，而不是把资金集中放在排名最前面、最熟悉、风险最小、获利可能最大的投资之上呢？”

Easy-going

巴菲特说过：“投资者应该像马克·吐温建议的，把所有鸡蛋放在同一个篮子里，然后小心地看好它。”

集中投资策略的精华可以简单地认为：投资者可以选择少数几只能够长期在市场中产生比平均收益要高很多的股票，然后再将你的多数资本集中投资在这些股票上。与此同时，不管股市如何变动，只要投资者依旧坚持长期持股，就一定能够获得满意的收益。

巴菲特的集中投资经验

1.要明确自己集中投资的目标企业

寻找最熟悉、风险最小、利润大、有潜力的公司

2.将投资资金分配好比例，重点放在概率最高的股票上

在有把握的股票上，下大“赌注”

3.只要股市不是很糟糕，坚持持股5年

让你在股市中变得沉稳冷静

◎ 巴菲特的集中投资经验

在巴菲特的投资生涯中，我们将他的集中投资经验，总结归纳成以下几个步骤：

1. 每个投资者要明确自己集中投资的目标企业。

巴菲特认为，投资者应该将资金投入到自己了解、喜爱的几家企业，因为这样的公司是投资者最熟悉、风险最小、利润大、很有潜力的公司。

2. 再将你的投资资金分配好比例，将大头投入到概率最高的股票上。

巴菲特认为只有投资者很有把握的时候，才能下很大的“赌注”。

Easy-going

集中投资就是一夫一妻制——最优秀、最了解、风险最小。

3. 只要股票市场没有到很糟糕的地步，投资者只要坚持保持股票5年（当然超过5年更好），就会在股价波动的环境中变得沉稳冷静，这一点也是很多投资者最难做到的一点。

在巴菲特的集中投资经验中，我们可以总结出集中投资策略包含了两个重要的因素：

1.寻找出优秀的公司，目的是掌握选股模式，然后再找出认为值得去投资的企业。

2.将大赌注投入到高概率事件上，就是将投资者的绝大多数资金集中投资到一只或几只股票上。

虽然集中投资是一种简单投资策略，但这种简单的策略中却蕴含了很多相关的逻辑学、数学和心理学原理的精髓。

巴菲特持有的股票

可口可乐	投资13亿美元	至今持有	盈利70亿美元
GEICO（政府雇员保险公司）	投资0.45亿美元	至今持有	盈利70亿美元
华盛顿邮报	投资0.11亿美元	至今持有	盈利16.87亿美元
吉列	投资6亿美元	至今持有	盈利37亿美元
大都会/美国广播公司	投资3.45亿美元	至今持有	盈利21亿美元
美国运通	投资14.7亿美元	至今持有	盈利70.76亿美元
富国银行	投资4.6亿美元	至今持有	盈利30亿美元
中国石油	投资5亿美元	到2007年出售时持有5年	盈利35亿美元，增值7倍

◎ 集中投资比多元化投资收益更高

在投资中，选择集中投资的目的是寻求比平均水平要高的回报。巴菲特在他几十年的投资生涯里，就是因为一直坚守自己的集中投资原则，所以才能够在股市中获取比市场平均水平更高的丰厚回报。

巴菲特管理的伯克希尔公司在过去的几十年里，其每股净值由最初的19美元增长到8000多美元，其年复合增长率约为25%。在“二战”后的美国，市场上主要股票的平均收益率在10%左右，然而股神巴菲特却达到了25%的水平。可想而知，巴菲特坚守的集中投资策略是多么厉害。

◎ 集中投资比多元化投资风险更小

集中投资策略不仅比多元化投资收益高，而且比多元化投资的风险更小。就如同巴菲特所说的那样：就长期而言，可口可乐公司所面临的风险，比任何一家电脑公司或是通信公司所面临的风险要小很多。而事实上选择多元化投资策略的投资人，是为了避免将“鸡蛋放在同一个篮子里”，所以，他们努力地将多个鸡蛋分别放在不同的篮子里，这样做的结果可能会因投资者精力不足，太过于分心，导致他们没办法将自己所有篮子里的鸡蛋照看好，而里面的鸡蛋可能会面临破碎的可能。同时，也因为太多的投资者对多元化投资的方式过于信赖，太过分相信，最终的结果会让他们只是一味地追求形式上的安全，从而忽略了对自己想要投资的企业进行深入全方位的考察。也许会有不少投资者问多元化投资的问题到底出在哪里？可以肯定的一点是，你也许会买进一些连自己都一无所知的股票。

小故事

果断的巴菲特

21岁时，巴菲特投资GEICO公司，将自己所有的家当都投了进去，可以说巴菲特的“集中投资策略”就是从这个经典案例开始的。自这次之后，只要是他评估明确的公司，他就会很果断地采用集中投资策略。

◎ 集中投资策略的优缺点

基金持股集中并没有准确的概念，最普遍的看法是组合中持有的股票数量不超过50只，前三大行业、前十大股票的投资集中度在同类基金中偏高。有时，由于超配某一个行业而导致该行业个股市值占净值比重偏高，也是集中投资策略的一种表现。

行业配置相对集中的基金经理通常会采取“自上而下”的投资策略，通过对宏观经济、行业周期等分析挑选出值得投资的行业，希望通过配置重点行业达到获取超额收益的目的。例如，2018年四季度至2019年一季度猪肉概念股表现出强势上涨，重仓银行板块的基金业绩表现遥遥领先。它的风险体现在：没有一个行业可以长期保持上涨的趋势。对于长期重仓的行业保持相对稳定的基金，可能会陷入某一行业表现欠佳而大幅拖累业绩的被动局面；而追随市场主流的基金，对过时的行业采取果断换仓可能会增加基金的交易成本，如果主行情没有踏准，不仅会使基金净值遭遇滑坡，还扩大了基金的换手率，使投资者承担潜在的成本。因此，行业相对集中的基金长期看好的行业调整幅度偏小。如果行业配比由分散突变为集中，投资者就要关注原因：投资策略发生改变，或是基金遭遇大额赎回。前者可能会带来基金投资风格彻底的改变，而后者仅短期提高了投资集中度，对风格的长期影响偏弱。

此外，挑选少量股票的基金经理常常认为自己选择的股票是最合适的，不会过多考虑分散或控制风险。将资产分配在重点的股票上可能会给组合带来超额收益，而投资较多股票也许会拖累基金的整体收益。

第4章

巴菲特如何选择潜力股企业

巴菲特认为，若想在股市找到潜力巨大的股票，实际上并不复杂，只需要做到以下几点：在我们的日常生活中注重开拓获得众多企业信息的渠道；多关注那些具有经济特许权的出色企业；观察一个企业是否具有一定的竞争优势；查看一个企业里的经营者是否具有诚信、不盲从两种品质以及是否具有出色经营者的品质。

本章教你：

- 怎么寻找公司信息
- 怎么找到具有优势的企业
- 应该投资什么样的公司
- 企业经营者必备的素质是什么
- 怎么成为具有核心竞争优势的强者

多种渠道寻找公司信息

无论是拥有庞大资产的投资专家，还是仅仅是一个对投资感兴趣的爱好者，要想找到优秀的投资对象，就需要成为一个市场嗅觉灵敏的人。因为这样才会比别人拥有更多、更广的投资机会。巴菲特认为，投资者应该具备发现市场机会的敏感性和必需的专业知识这两种能力。

◎ 步步“经”心，发现你的投资机会

出色的投资者在日常生活中会处处留心身边的事物，是个十足的有心人。巴菲特就是一个非常有心的人，他会在身边发现投资的机会。他在投资美国运通公司时，当时公司虽然因一个丑闻事件而使得其股票价格瞬间下滑，但是巴菲特却发现人们仍然在大型的商场使用它的信用卡，并没有因为公司丑闻而去改变他们的消费方式。巴菲特就因为这一点果断做出了投资运通公司的决策。

Easy-going

巴菲特说过这样一句话：“认真听听你孩子的看法，听他们如何评论可口可乐或耐克。多留意一下购物中心的人群正在哪种商品前排起长队，这样做对你是非常有好处的。”可见，在生活中，步步“经”心，会让你在身边发现更多的投资机遇。

生活中处处存在着机遇，就看你是否拥有发现机遇的慧眼。可能有时一些好的投资机会不经意间就出现在你的眼前，但是你却与之擦肩而过。在生活中，你可能会因你肥胖的身体去尝试各种减肥方法甚

至是优质的健身器材。这时你是否想过，你一切的行为除了让自己变成窈窕之身，会想过那些健身行业也会从中受益吗？如果健身在当时因被人们所追求而兴起，那么对健身公司的业绩是不是一个迅速上涨的绝佳机遇呢？

投资股票也是一样，每只股票的背后都隐藏着看不见的企业、产品与市场。一个企业获利最关键的一点就是其产品与服务能否得到消费者的肯定和青睐。如果你预见到一种商品与服务有一个潜在的市场，那么，它背后的企业在某个时间段的业绩一定会暴涨。如果你评估后发现某种产品及服务与当下社会发展背离很远甚至是落后，那么，这种产品及行业就不是你要找的投资对象。然而，并不是说某个行业的发展趋势就能够代表其行业的未来，但是，作为一个聪明的投资者，用一般性的专业知识深入地分析是一个投资者必须具备的能力，尤其是对行业的分析能力，对绝大多数的投资者来说，是非常重要的。

纵观巴菲特的投资经历，可以发现他除了拥有发现投资机会的才

你身边的投资机遇

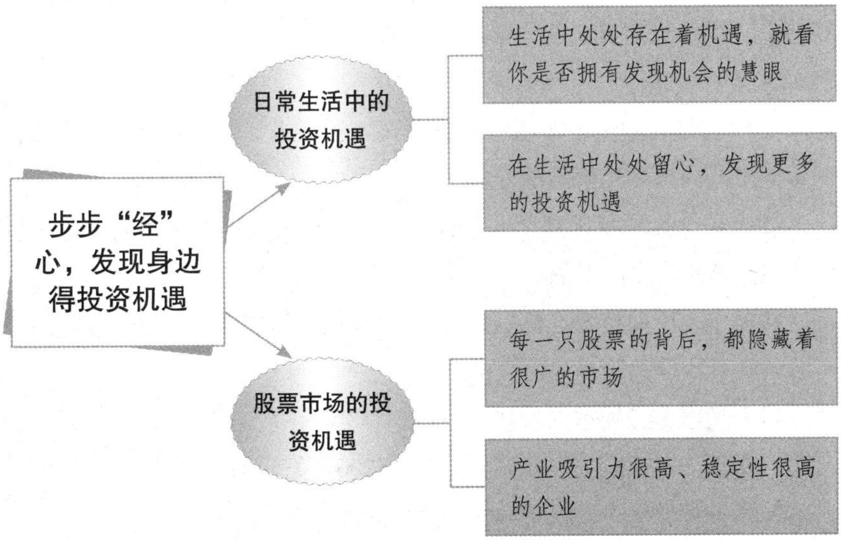

能，还具备对整个产业的了解和分析的专业知识，这也是让人很佩服的。巴菲特一般会选择具有产业吸引力和稳定性的企业作为投资的目标。其中，产业吸引力是在一个企业中的净资产收益率和产业平均收益能力的方面体现出来的。如果一个企业的净资产收益很高，那就会为股东们创造更多的财富。高的净资产收益率也会间接地影响着净利润增长率。翻开投资历史的篇章，你会发现很多净资产收益率连续不断并超过20%的企业，都会获得很高的利益。

巴菲特认为："主业长期稳定的企业往往盈利能力很强。"他之所以很果断地持久持有某只股票，是因为他相信那些稳定性很高、吸引力很大的企业能连续持久地创造更多、更大的利润。

◎ 企业原则

巴菲特的投资策略中有一条重要的原则，就是企业原则。巴菲特认为，无论你购买什么样的股票，都应该对你所选择的企业进行一个深入了解。

你还应该考虑这家企业是不是简单易懂，是不是拥有一个很好的发展前途，以及投资者怎样才能从较多的公司中发现优秀的企业并作为投资对象等。

那些优秀的企业，即便它们在不同的领域或行业，它们身上也都存在着很多共同点和相似的地方。

如果每个投资者都理解并掌握这些特征，就会在众多的企业中，发现优秀、理想的投资对象。

1986年，巴菲特曾经耗资5万美元在报纸上做广告，登出想收购的公司的条件，欢迎那些企业前来接洽。

以下是巴菲特列举的条件：

1. 要有一定规模（税前盈利最少是5000万美元）；

2. 具备管理能力，收购后他不参与管理；

3. 业务简单——太复杂他理解不了；

4. 要能证明一贯地盈利，他对突然好转和将来的预期不感兴趣；

5 没有或几乎没有负债；

6. 明确报价。

优秀企业具备的特征

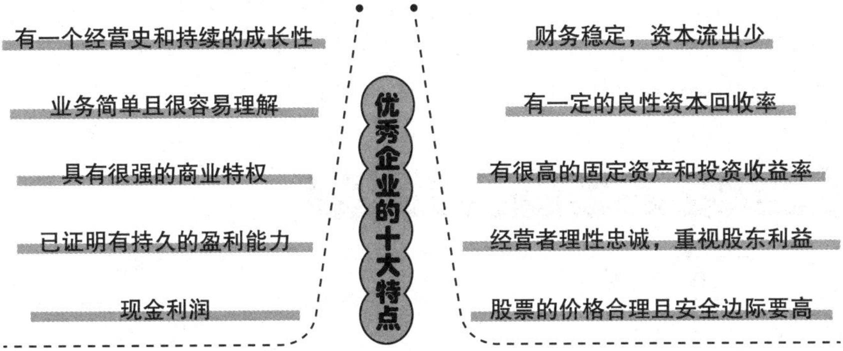

◎ 优秀企业的十大特征

巴菲特认为，优秀企业应该具备以下十个特点：

1. 企业有很好的经营历史，且具有可持续发展的成长性。

2. 企业中的业务不仅简单，而且是很容易理解的。

3. 企业应该具有很强的商业特权，因为具有很强商业特权的企业和其他企业相比，其利润率会很高。

4. 企业已经拥有一种证明具有持久盈利的能力，这种持久盈利的能力不是体现在企业未来的规划里。

5. 企业的利润应该是现金利润，而不是通过做假账去体现。

6. 企业财务是稳定的，其中资本流出较少，自由现金流量很充足。

7. 企业具有一定的良性资本回收率。

一个企业的经营状况与业绩的好坏，主要是通过资本回收率去体现的，而不是通过做假账和其他途径体现。

8. 企业的固定资产和投资收益率是否很高。

9. 企业的经营者应该具有理性、忠诚的品质，并且始终很重视股东的利益。

巴菲特认为，任何一个经营者，都必须想到自己退休和离职后，企业未来5年的发展。这样的经营者才是一个对企业真正负责的人。

10. 股票的价格合理，并且企业的安全边际要很高。

巴菲特衡量优秀企业的标准很简单，投资者只需按照这些标准去寻找优秀的企业，那么你的投资就已经成功了50%。

巴菲特投资中石油（港股）的原因

优秀企业的标准	中石油港股
一定规模	2003年中石油价值1000亿美元左右
管理能力	中国最大的国企之一
业务简单	挖石油、炼油、卖油
一贯盈利	中石油的盈利能力世界有目共睹
没有或几乎没有负债	中石油港股上市部分没有负债
明确报价	2003年4月，每股1.65港元

在市场中寻找具有优势地位的公司

在投资过程中，如果你选择了一个具有吸引力的产业，那么接下来你应该如何在这个产业中选择你最应该投资的企业呢？

股神巴菲特认为，在选择好具有很强吸引力的产业之后，深入分析一个企业的竞争优势和它的可持续发展性也是非常关键的。

◎ 寻找具有优势地位的企业——分析它的竞争优势

巴菲特在投资过程中，特别注重公司的可持续竞争优势。

巴菲特说过：“对于投资来说，关键不是确定某个产业对社会的影响力有多大，或者这个产业将会增长多少，而是要确定所选择企业的竞争优势，而且更重要的是确定这种优势的持续性。那些所提供的产品或服务具有很强竞争优势的企业，能为投资者带来满意的回报。”

Easy-going

巴菲特告诫投资者，投资分析的关键是“确定任何一家选定企业的竞争优势，而且更重要的是确定这种优势的持续性”。

那什么是企业竞争优势呢？如果从企业价值的角度去看，企业竞争优势就是指一个公司向客户提供产品或服务的过程中，表现出的一种优于别的竞争对手的优势，而企业也会因为这种优势使其价值增值能力可以在一定时期内保持并超出所在产业的平均水平。

通常具有竞争优势的企业获得的利润会比其他一般企业高。这种

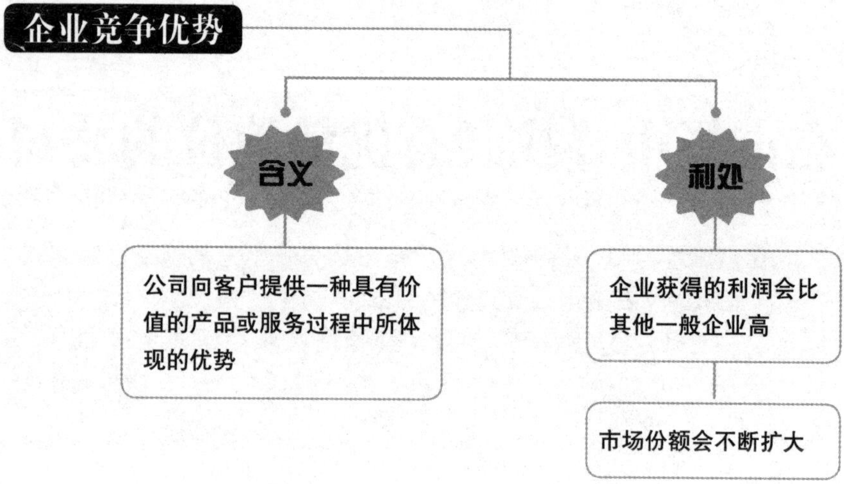

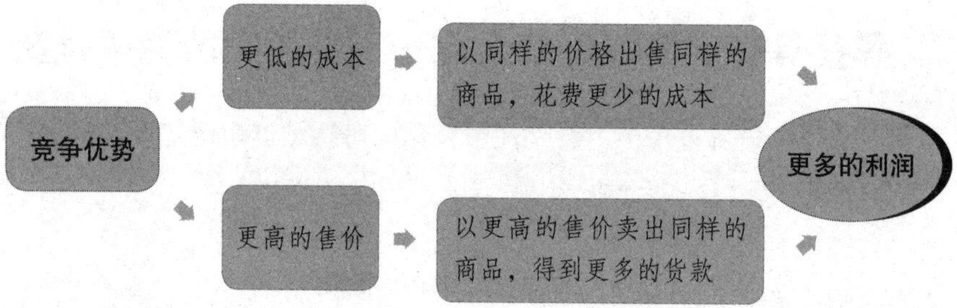

超额利润常常取决于这个企业较多的市场份额、较低的生产成本和更高的销售价格。

如果一个具有竞争优势企业的市场份额越大，那么占领的市场就越大，从而它就会创造更多的利润。如果企业将成本降低，它的销售价格就会降低，市场份额就会更进一步地扩大。

当企业的产品比其他企业的产品占有一定的优势时，就会相对应地产生很大的差异性，那么，即便企业将产品以更高的价格出售，其市场份额也会进一步扩大。所以，竞争优势可以简单地理解为：一个企业较低的生产成本或者是较高的销售价格。

产品的竞争优势可以分为两种基本形式：成本优势和差异性优势，

而巴菲特更看重差异性优势。

巴菲特在选股过程中，很关注那些具有持续竞争优势的优秀公司。他之所以把投资对象放在那些具有持续性竞争优势的企业，是因为公司内在价值决定了股票的价格。对于长期投资来说，那些具有持续性竞争优势的企业比其他一般的企业更安全可靠。有持续性竞争优势的企业能够持续不断地使价值增值，所以，股东们的财富也会随之倍增。

如果一个投资者能够清晰地分析出一个企业的竞争优势，那么他就可以比其他投资者更快地找到绩优股，从而把握更多的财富。

小故事

看巴菲特分析竞争优势

巴菲特在2000年4月的一次股东会上说："分析一家企业的竞争优势的可持续性的最佳途径是，研究分析那些已经取得长期可持续竞争优势的企业。"

回顾巴菲特所选择的上市公司，就可以看出他是怎么分析一家企业的竞争优势的。

巴菲特认为，家个企业可持续竞争优势最关键的两点是成本优势和品牌优势。他曾说："企业要想取得持久的成功，最关键的是要拥有令竞争对手望而生畏的竞争壁垒，要么是像GEICO保险和Costco超市那样保持低成本，要么就是像可口可乐、吉列和美国运通公司那样拥有强大的全球性品牌。这种令人望而生畏的'高门槛'对企业获得持续成功是至关重要的。"

领悟到巴菲特分析一家企业竞争优势的要点后，投资者在投资过程中就会更加清晰明确。

◎ 寻找有“护城河”的企业——经济特许权

一个企业与其竞争对手的差异化，主要体现在他们为客户提供不同的产品或服务上，而市场上绝大多数顾客是钟爱那些优秀企业的产品或服务。一个企业的竞争优势就是源自这种差异化，因此，可以说差异化就是一个企业竞争优势的核心。

巴菲特将差异化竞争优势称为“经济特许权”。他曾经在伯克希尔公司说过：“如果一家企业的产品或服务具有以下三个特点：一是产品或服务有广阔的市场；二是被顾客认定为找不到其他类似的替代品；三是不受价格上的管制。那么，这家企业就具有‘经济特许权’，具有对其所提供的产品与服务进行主动提价的能力，从而能够赚取更高的利润。”

巴菲特在选股中将经济特许权看成是企业的一个重要特征，那么，什么是经济特许权呢？经济特许权就是一个企业依靠其强大的品牌、先进的技术及其独特的专利等优势，获取高利润的能力。

经济特许权主要是通过以下几点表现出来：

经济特权的形式

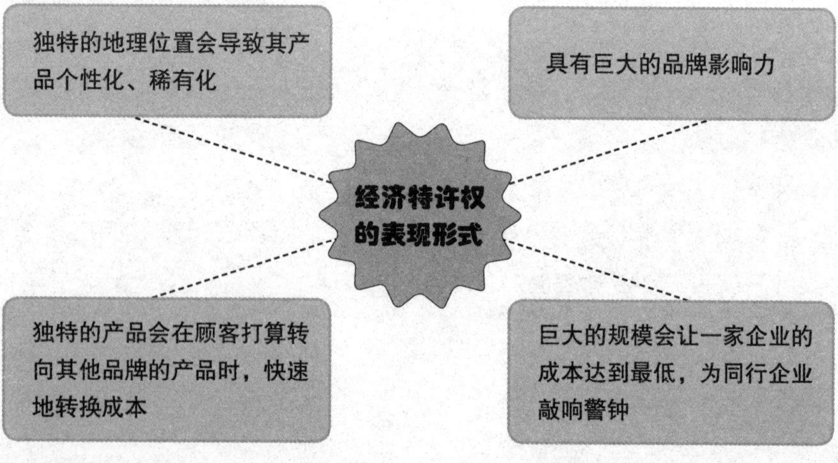

1. 独特的地理位置会导致其产品个性化、稀有化。

2. 巨大的品牌影响力。

3. 独特的产品会在顾客打算转向其他品牌的产品时，快速地转换成本。

4. 巨大的规模会让一家企业的成本达到最低，就会为其他公司进入这个领域敲响警钟。

这些是经济特许权最基本的表现形式。对于一个具体的公司，是否拥有经济特许权还要进行深入分析的了解。但是弄清楚经营特许权会有助于我们选择卓越的公司作为投资对象。

巴菲特将企业的特许权比喻成一条围绕着城堡的护城河。这些特许权给企业织成了一张安全防护网，让它在瞬息万变的商界里多了一层保障。

拥有“护城河”的企业，可以快速地从风险逆境中跳出来，也就是投资者在投资过程中所需要的心理保障。因为这些具有“护城河”的企业只有在市场反常时，才能体现出卓越价值。如果投资者可以在股价下跌前就能清晰地分析出一个企业的“护城河”，那么他就能够清晰地分辨出一个企业所面临的问题是短暂性的还是永久性的。

如果你能够真正理解具有经济特许权的企业，就很容易从众多只股票中将它们辨别出来，如果你恰巧又是以一个合适的价格买进，并打算长期持有的话，那么你的投资风险就会很小，甚至是零风险。

投资实战

理论背景

经济“护城河”有利于投资者对“能力范围”做出定义。如果投资者可以将投资范围划定在自己了解的领域中，如技术股，而不是大范围地“撒网”，就会有很多投资者能获得成功。如果你能够深入了解一个具有优势竞争力的企业，那么，你就能够将这个广阔无边、瞬息万变的投资大世界，变成一个你熟悉并了解的温馨理财小家园。

投资进行

从20世纪中期开始，沈阳变压器厂就成为全国变压器行业的龙头老大。在那个时期，无论是产品的产量、生产的产值，还是产品的质量、产品的电压等级，在全国都是首屈一指的，特别是为葛洲坝水利枢纽生产的备用的220kVA变压器，当国外某知名企业的主变压器在电站合闸送电时发生了故障，造成大面积停电时，沈阳变压器厂生产的备用变压器及时顶替，并且正常运行至今，从而避免了电站更大的损失。该厂正是靠这种高质量赢得了市场，受到了用户的好评。这就是企业的竞争优势，而这时的竞争优势是综合性的。由此可见，竞争优势已经存在很长时间了，只是从20世纪80年代初，人们才对此产生了浓厚的兴趣，才真正将竞争优势上升到了理论高度，从使企业真正开始重视竞争优势。

投资分析

增强企业的竞争优势，可以促使企业在细分市场中寻求适合本企业发展的专一途径，从而使企业在竞争中处于有利地位。联想集团是我国IT行业的领先企业。面对纷杂的IT产业，联想集团并不是在每一种产品上都投入大量的人力、物力、财力，而是在经过市场细分之后，决定把工作重点放在数码产品上。他们依靠品牌、技术和渠道三大法宝，全力推出家庭数码港、移动数码港、数码相机、数码打印机和数码视听，全力向数码帝国进军。

成为具有核心竞争优势的强者

作为一个投资者，只要深入分析一下世界500强企业，就能发现这些顶尖级的企业几乎都是在创新能力、技术技巧、经营模式、品牌形象、客户服务等诸多方面具有核心竞争力。而核心竞争力恰巧就是一个优秀企业在其战略上的核心竞争优势，企业依靠这种战略上的核心竞争优势会在同一产业内获得巨大成功，从而在股票市场上独占鳌头，成为众人心中的超级明星企业。

◎ 你锁定的投资对象是否具有核心竞争力

分析企业的核心竞争力，有利于投资者在市场中更清晰、快速地发现并了解投资对象，为投资者在投资策略中增加一个筹码。

什么是企业的核心竞争力呢？美国“咨询王国”麦肯锡咨询认为：核心竞争力就是无论一个企业在结构上有无竞争优势，如果它能够在少数技能或者知识领域中脱颖而出，就可以取得成功。从这个角度出发，我们可以把企业的核心竞争力分为三种基本形式：

第一，企业的市场渠道能力。这是一种推动企业较为接近顾客或市场的能力，主要是指企业的品牌管理、市场营销、分销渠道和技术支持等多项能力。

第二，企业的整合能力。这种能力是指能够让一个企业更

Easy-going

分析一个企业的核心竞争力，能够帮助投资者从复杂的证券市场中，清晰快速地寻找到投资对象，可以说是为投资策略添加一个非常实用的工具。

核心竞争力有哪几种形式

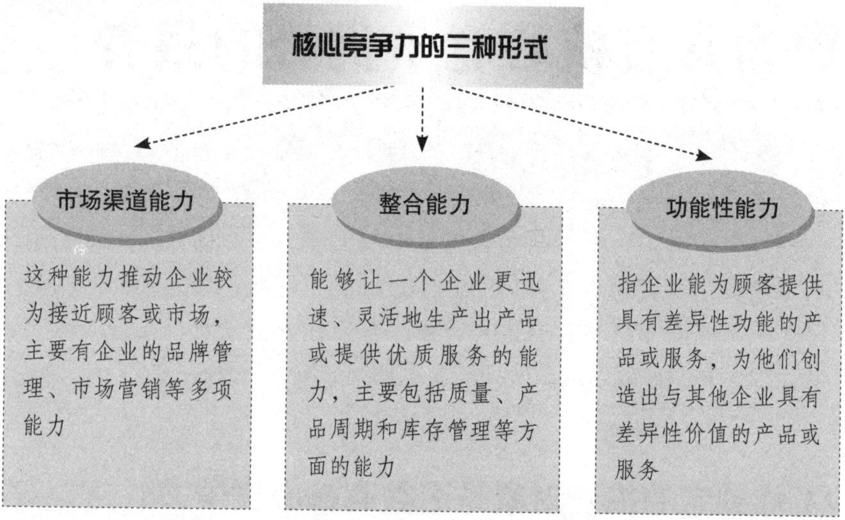

迅速、灵活地生产出产品或提供优质服务的能力，这种能力主要包括质量、产品周期和库存管理等方面的能力。

第三，企业的功能性能力。这种功能性能力是指企业可以为顾客提供具有差异性功能的产品或服务，为广大顾客创造出与其他一般企业具有差异性价值的产品或服务。

具有核心竞争力的企业包括以下几个基本特征：

1. 价值性。

一家企业的持续竞争优势就来自企业的核心竞争力，而一家企业的核心竞争力的价值特性，主要表现在三个方面：第一是企业能够创造更大的消费价值。因为一个企业通过创造与市场需求相符的产品，就会比同行的竞争对手为顾客提供更多的价值，从而可以实现顾客所着重关注的价值。第二是创造企业价值的能力。核心竞争力在一个企业的多个方面均占有一定的核心地位，能为一个企业提升盈利能力。第三是可以利用机会或提高抵抗危机的能力。核心竞争力的价值，能让一个企业与其竞争对手相比，在相同的环境中能够更好地利用机会或抵抗危机，这种能力是一个优秀企业的综合和动态的竞争力。

2. 关键性。

核心竞争力是一个优秀企业最关键的因素，对企业的产品或服务的价值具有很大的贡献。它不仅连接着企业中固有业务的“底座”，也是开拓新业务的“发动机”，还是掘企业进入其他市场的潜在力量。

3. 独特性、稀缺性。

每个企业的核心竞争力都是独一无二、别具一格的，这种竞争力主要表现在与其他所有竞争对手相比时，显得更加优秀。每个企业的核心竞争力和其对手的竞争力相比，不仅仅是超出，而是远远的超越。

企业间经营效率之间的差异，就是由它们各自核心竞争力的差异所决定的。这种核心竞争力不仅具有独特性也具有稀缺性，而这种独特性不容易形成，一旦形成，其他对手就很难复制模仿。

核心竞争力的独特性可以使得一个企业运用独特的战略在同行中获取竞争优势。但如果一个企业的核心竞争力是很普遍的，是其他一般性企业可以用相似的策略去代替的，那么这个企业的竞争优势就会迅速变弱，甚至会消失。

4. 难以模仿性。

一个企业的核心竞争力应该是其他企业不能够模仿的。一旦同行的竞争对手去模仿这个企业的核心竞争力，就有可能出现成本处于劣势的问题，那么，这就会使得这个具有核心竞争力的企业拥有持续不断的竞争优势。一个企业的核心竞争力之所以不容易被其他企业模仿，是因为它存在着难以模仿的障碍，这样就使得这个企业在同产业中保持了持久的竞争优势。

5. 隐蔽性。

一个企业的核心竞争力不仅是从企业的独特技术、操作技能和企业管理中体现出来，还在企业文化等多方面体现出来。一个企业的核心竞争力的具体内容很难用语言和文字等详细地描述出来，所以，一个企业

核心竞争力的特征

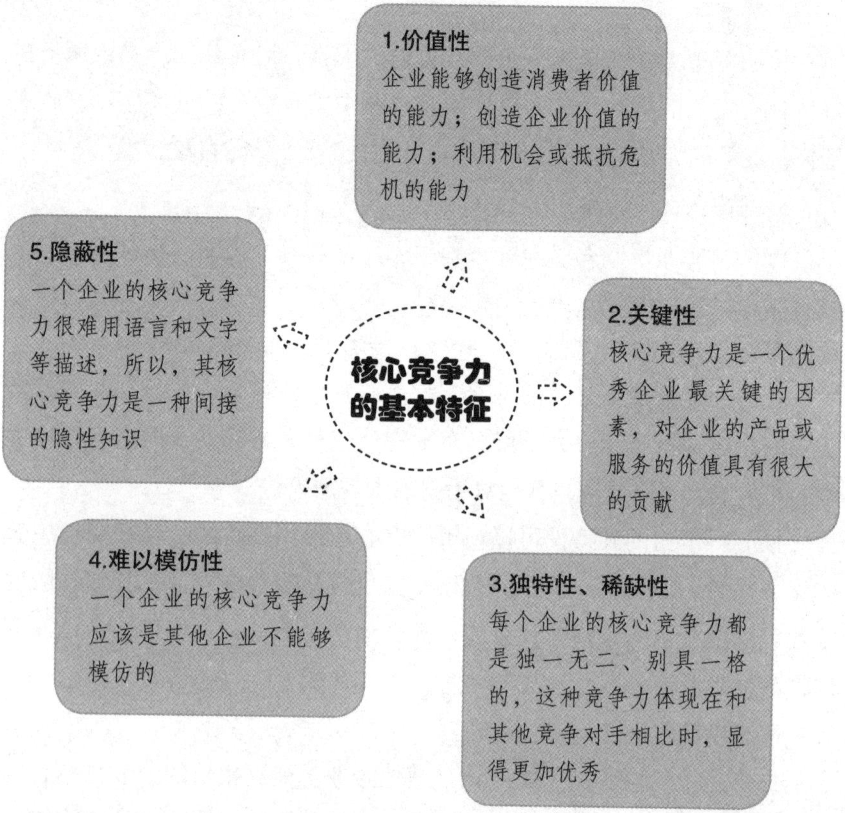

的核心竞争力是一种间接的隐性知识。这种隐含性的知识对于很多企业来说几乎是含糊不清的，都具有隐藏性。它们会隐藏在一个企业的管理机制、文化和技术等多个方面中，而且经常分散在企业的不同部门和个人中。

如果一个企业只具有一两种核心竞争力，那么它不仅无法扩大自己的规模或范围，而且也弥补不了在其他领域的缺陷。

◎ 真正的“明星企业”

巴菲特在投资中，非常关注那些真正具有核心竞争力的企业，这些优秀企业在他看来就是真正的“超级明星企业”。巴菲特之所以喜欢这些优秀企业，是因为它们能够为企业本身和客户创造真正的价值。作为一个真正的投资者，要想看清楚一个企业的本质，就需要认真地去分析所要投资的对象，审视这个企业是否能为企业本身和客户创造价值，从而辨别出这个企业是否具备真正的核心竞争力。

1. 这个企业具备的核心竞争力能否为企业和客户创造价值。

投资者可以通过审视一个企业的产品或服务的差异性，认真分析这个企业所具备的核心竞争力，以此来确定它对企业的价值增值具有怎样的贡献。而一个企业的数据可以从其往年的价值增值中知晓。

2. 这个企业的核心竞争力能否为客户创造非凡的价值。

如果是从消费者的角度，去审视一个企业能不能给客户创造他们想要的价值，或者是能不能够为客户创造最大的价值，就需要投资者明白以下问题：消费者愿意用金钱去换取他们想要的价值是什么？消费者为什么自愿为一些产品或服务从自己的口袋掏出更多的钱？哪些价值因素是广大消费者所关注的，且对实际售价最有价值？投资者经过这一系列

明星企业的特征

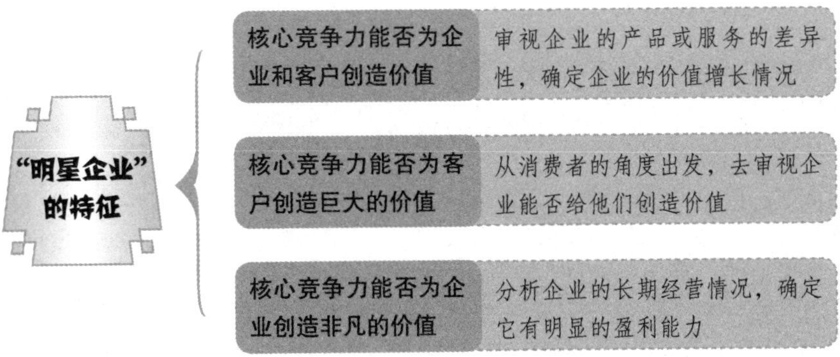

的分析，能够初步认识到那些真正可以打动消费者的核心竞争力。

3. 这个企业的核心竞争力能否为企业创造非凡的价值。

投资者通过分析一个企业的长期经营情况，确定这个企业是否可以明智地利用每一次的机会去抵抗风险，是否有明显的盈利能力，以及企业具备的核心竞争力对企业的价值创造有没有起到关键性作用。

More

竞争优势的根本所在

据相关统计，1977—1986 年，美国近千家的大企业中只有 20 多家可以完成优异的业绩，达到业绩优异的双重标准。这些达标的优秀企业连续 10 年，股东的平均权益报酬率达到 20%，且没有 1 年低于 15%。这 20 多家明星企业的经营情况证实：一个企业继续增强已有的经济特许权，或者专注于一个很优秀的核心业务，就是独占鳌头的竞争优势的根本所在。

寻找值得你信赖的公司

巴菲特在投资过程中，告诉人们要以企业经营者或所有者的心态去选择投资对象。投资者要对一个企业中的经营者或管理层认真审视和评估，这是非常重要的。因为现在有不少企业的外表都显得富丽堂皇，而一般的投资者如果不慎重，就会不小心被这些企业的华丽外表蒙蔽。作为一个聪明的投资，会慎重去审视一个企业的管理层，这样才能真正看到一个企业的实质，以此发现值得信赖的公司。

◎ 值得信赖的公司才是你投资的对象

巴菲特在投资过程中，特别注重对一个企业中管理层的考察，他告诉投资者在投资前一定要认真审视企业中管理层的所有行为，以此来发现对自己有用的信息。因为企业管理层是一个企业中的核心领导人，他们是统筹全局的人。

Easy-going

只有当企业中的经营者一心一意为股东们的利益着想时，这个企业才能得到股东的信任。

如果企业管理层对企业全局没有制定长远的发展规划和具体战略，那么企业发展前途就充满了很大的变数，如果你投资这样的企业，你的资金就会没有保证，随时都有可能会失去。

投资者考察管理层还有另外一个重要的作用，就是可以起到一种“预警”作用，给自己敲响警钟。如果一个企业存在某种问题，那么这些隐含的问题就体现在企业的财务报表中，或在企业的管理工作中就逐渐地显露出来了。

作为一个投资者，特别是一个价值投资者，你必须认真去审视和考察企业的管理层。投资者经过对企业的管理层连续不断地跟踪考察，所了解到的信息基本上是和现实情况相接近的，可以让投资风险降到最小。

巴菲特在进行投资时，对所选择的企业管理层的考察可以说是非常严谨苛刻的，他的这种严谨作风也是绝大多数投资者难以企及的。

即使是美国华尔街那些知名的股票经纪人，也很难像巴菲特一样，对一个企业的管理层调查得如此细微，更别说是普通的投资者了，这可能就是全世界只有一个巴菲特的主要原因。

巴菲特认为，想知道投资一个企业是否成功，需要考虑以下几点：

1. 企业中的管理层能否得到人们的肯定评估；

2. 企业中的管理层能不能得到人们的充分信赖，是否真正为投资者的利益着想，是否可以与股东建立起畅通无阻的沟通管道，使企业的获利可以转入到每一个投资者的手中，而不是完全占为己有。

成功投资考虑需要哪些

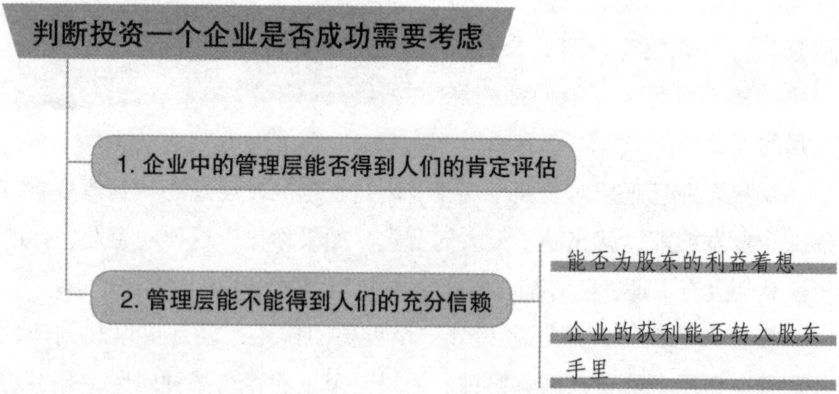

◎ 经营者是否理性思考

巴菲特认为，一个优秀的企业经营者一定是做事理性、善于理性思考和对股东真诚的人。如果投资者所投资企业中的管理者都符合这三点，就可以大胆地把钱投向这个企业。

此外，还有一种方式能判断企业中的经营者是否具有理性思考的能力，就是他们对待盈余收益的分配方式，这一点非常重要。

如果一家企业的资本拥有很高的回报率，但是如此高的收益却不能以高比率去投资时，那么企业中的管理者对这些收益所采取的处理方法，将会直接体现出管理者是否为股东的利益着想。这些行为就是对企业经营者是否具有理性思考能力的最佳考验。

一般来说，企业的管理者面对这种情况采取的措施有：

第一，继续扩大企业的规模，进行比平均收益率低的投资；

第二，投资其他产业，以此让自己获得更多的成长机会；

第三，将企业中持有的现金还给股东，让那些股东去选择一些可以获得更多价值的企业投资。

对于第一种选择，巴菲特不是很赞成，他对于这种选择是否能够获利持谨慎的态度——如果经营者不能够评估公司的现状，就选择进行再投资，扩大企业的规模，就会造成资金的浪费。就这一点来说，经营者采取这种行为并不是理智的选择。

对于第二种选择，巴菲特也不是十分赞成，同样抱着怀疑的态度——如果投资者将获得盈余的希望寄托在自己不了解或是不擅长的领域，那么它们成功的可能性往往会很小，因为跨越了企业自身的能力圈，就会损害到企业股东的利益。

巴菲特认为，最理性明智的做法是那些选择将现金还给股东的经营者，因为当企业无法为股东创造满意的价值时，选择把现金还给股东，才是使股东获得最大利益的明智行为。

企业经营者具备的条件

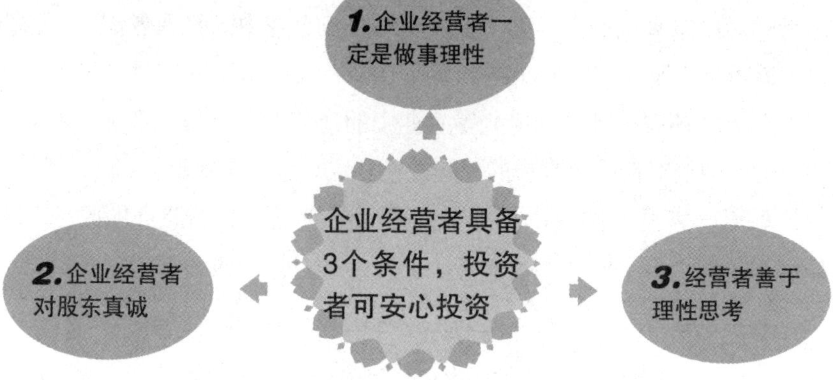

企业经营者对盈余收益的处理方法

- **方式一：**继续扩大公司规模，进行比平均收益率低的投资
- **方式二：**投资其他领域以获得更多的成长机会
- **方式三：**将企业中持有的现金还给股东，让他们去投资有价值的企业

◎ 经营者是否诚实可靠

作为一个投资者，应该把购买股票看作持有企业的一部分，事先了解该企业的经营者是怎么样的一个人。

投资者都应该知道，并不是所有的企业对待股东都是真诚的，有的公司外表富丽堂皇，而实际上企业内部充满了我们看不见的“黑暗”。2001—2002年仅一年多的时间里，美国不少公司就出现了骇人听闻的丑闻。

投资者在投资前，一定要认真考察企业的管理层，寻找值得信赖的企业。我们在投资之前，一定要仔细考察清楚再做决定。

小故事

美国最大的破产案

2002年6月，美国第二大长途电话和数据服务公司——世通公司，发生了让人震惊的事：公司虚假上报了高达38亿美元的利润！这一丑闻成为美国有史以来最轰动、最大的会计欺诈事件之一，超过之前的“安然事件”。一个月之后，世通公司申请破产，总资产金额是1070亿美元，这一事件是美国历史上最大、最让人震惊的破产案！

美国一连串的公司丑闻事件在几年间连续不断地曝光，这些事件的“余震”还没有消失，更大、更多的震惊让人匪夷所思，安达信、毕马威等知名的会计事务所居然都有造假事件。此外，华尔街著名的投资银行、知名的美林公司等大牌企业也都在不顾股东的利益而牟取私利。

	安然事件	次贷危机
主角	安然公司、安达信会计师事务所	次级抵押贷款机构、投资基金
外表	安然公司是世界上最大的综合性天然气和电力公司之一，北美地区头号天然气和电力批发销售商。2000年，总收入过千亿美元，拥有21000名雇员，掌握着美国20%的电力和天然气交易，在纽约证券交易所上市，每股为70多美元。 安达信会计师事务所是和普华永道、毕马威、安永、德勤比肩的全球五大会计师事务所之一，有近百年的营业历史，在全世界84个国家拥有85000多名员工	在2006年之前的5年里，由于美国住房市场持续繁荣，加上前几年美国利率水平较低，美国的次级抵押贷款市场迅速发展。 房地产市场只涨不跌的神话，诱使大量不具备还款能力的消费者纷纷通过按揭手段，借钱涌入住房市场

续表

	安然事件	次贷危机
真相	安然公司在安达信会计师事务所的帮助下，通过在财务报表中虚增甚至是凭空捏造利润，借助一系列复杂的金融交易掩盖亏损，推动股价上涨，从中牟取私利	随着美国住房市场的降温尤其是短期利率的提高，次贷还款利率也大幅上升，购房者的还贷负担大为加重。 同时，住房市场的持续降温也使购房者出售住房或者通过抵押住房再融资变得困难
结果	2001年11月30日，安然欧洲分公司申请破产，美国本部也于2002年2月申请破产保护。 为安然公司进行财务审计的安达信会计师事务所，在安然公司东窗事发后销毁相关文件，也因此被指控妨碍司法公正，成为美国历史上第一家受到刑事调查的大型会计师事务所	大批次贷的借款人不能按期偿还贷款，银行收回房屋，却卖不到高价，大面积亏损，从而引发了这次危机。 2007年4月2日，美国第二大次级抵押贷款公司——新世纪金融宣布申请破产保护并裁减54%的员工。随后，更多的次级抵押贷款机构、投资基金被卷入危机，致使股价大跌，甚至造成破产
事件影响	揭开了信用机构诚信问题的冰山一角，引发了新一轮经济泡沫的破灭。 安然公司的投资者损失惨重，雇员大量失业。安达信会计师事务所分崩离析	美国经济基本面强健，不乏继续增长的动力，并没有“伤筋动骨”。 “凯恩斯主义”的罗斯福新政和在20世纪70年代取而代之的“新自由主义”等理论均宣告破产

优秀经营者的必备素质——不盲从

有不少大型企业的管理者，他们自身具有很多的相关经验和专业的投资知识，但是，在投资过程中仍会犯一些低级的错误。巴菲特认为，企业管理者的这种做法是被一种叫作“法人机构的盲从行为”深深地影响所导致的，因为这种无形的力量和行为会使企业中的管理者失去客观判断能力，只是盲目地去模仿其他管理者的做法，有时他们自己也会觉察到一味地模仿别人是非常不理性的。

◎ 不做旅鼠式经营者——“法人机构的盲从行为”

很多普通投资者认为，那些上市公司的管理层应该是社会某个领域的精英人士，这些精英要做到理性和诚实应该是件很容易的事。

但是，事实上他们中有不少上市公司的经营者，依然无法做到这一点。这究竟是为什么呢？

巴菲特在投资早期就已经发现了这种现象，他把这种社会现象叫作“法人机构的盲从行为”。这句话看起来似乎比较专业，而且不是很容易被人理解。其实这句话的意思很简单，也就是“很容易或不自觉地去模仿别人”。

Easy-going

巴菲特认为，在投资之前一定要谨慎和认真地判断企业的经营者是否存在盲从行为。

巴菲特也把这种轻易模仿别人的行为称作“旅鼠式经营者”，这

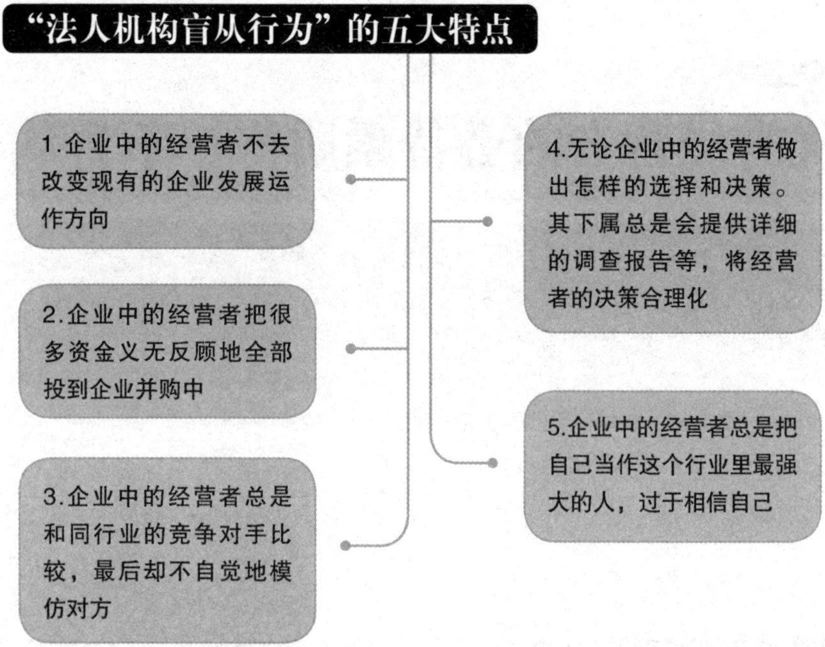

种行为的经营者和旅鼠的盲目行为很相像，他们也会不自觉地去模仿别人的行为，不是通过理性地思考而是盲目地做出选择和策略。

市场中出现“旅鼠式经营者”这种现象，是巴菲特在投资过程中很重要的一个发现。巴菲特在没有踏入投资领域的时候，也曾经一度认为，企业界那些经验丰富的管理者基本上都是非常聪明并且很诚实的人，而且大多数在做每件事的决策是很理性的。不过，当巴菲特进入投资行业后，他发现投资市场中很多企业的管理者都具有“法人机构的盲从行为”，而企业界缺乏理智的投资者到处都是。

如果一个企业盲目地去模仿其他企业，最终结果可能会适得其反，甚至连自身特有的优势也将丧失，这种案例不在少数。很多优秀的企业经营者，都会因为“法人机构的盲从行为”，给企业和股东造成很大的损害。

那么到底是什么原因，让聪明优秀的管理者盲目做出这种行为呢？

巴菲特将“法人机构的盲从行为”总结为以下几点：

1. 企业中的经营者不去改变现有企业的发展运作方向；

2. 企业中的经营者甚至把很多资金义无反顾地投到企业并购中；

3. 企业中的经营者总是不断地和同行的竞争企业相比，只要他们发现竞争企业中有好的管理方式和营销模式等，就会盲目地将其运用到自己的企业，不自觉地模仿他人；

4. 不管一个企业中的经营者做出怎样的选择和决策，即使他们作出的决策是完全错的，他们的下属ye 会把看起来很周全、很完美的调查报告、策略研究等提供给他们，以此将经营者做出的决策合理化、正常化；

5. 企业中大多数的经营者都把自己当作这个行业里最强大的人，过于相信自己。

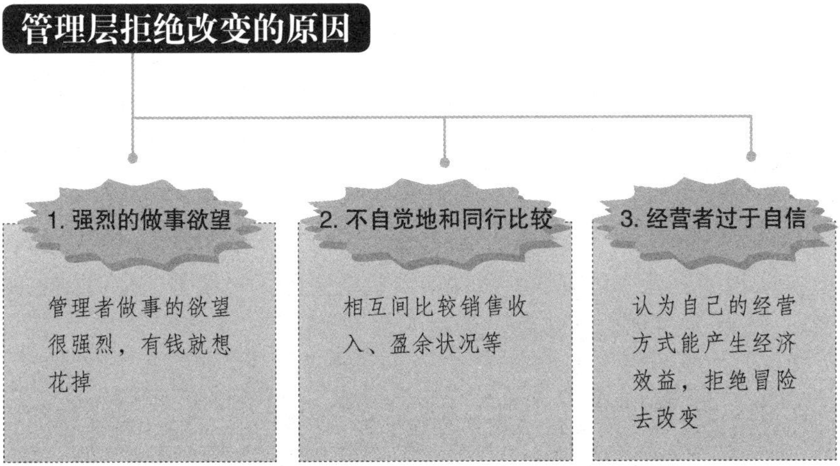

◎ 管理层拒绝改变的原因

在投资市场中，这种“法人机构的盲从行为”比比皆是，每个人

小故事

“迎合”导致的结果

国内有一家中小型的玩具生产企业，一天，这家企业的经营者突然召开大会，决定投资300多万元，去大力生产一种新型玩具。这位经营者说做过预算，这种新玩具的投资回报率很乐观。

之后，这家企业的项目部就将那位经营者的项目认认真真地做出了相关策划，并做好项目评估报告，而这份评估报告中的投资回报率恰好就是那个企业经营者预测的投资回报率。

但是，最后这个新型玩具的项目以失败而告终。

由此可以看出这家企业的项目部之所以拿出和经营者预测的投资回报率相同的数据，只是为了迎合他们那充满自信的老板而已，仅仅是将他们老板做出的决策合理化了。

周围可能都会存在这样的例子。事实上，不愿意改变现状，不想适应社会变化的企业有很多。那么企业中的管理层为什么拒绝甚至是害怕变革呢？

巴菲特认为有三个原因：

1. 很多企业中的管理者做事的欲望很强烈，一般是在他们并购其他企业的时候才能得到释放。

2. 很多的企业管理者，一般会和同行的其他公司做对比，如相互间比较销售收入、盈余状况和薪金水平等，这种相互间的比较会导致公司管理者强烈活跃行为的爆发。

3. 很多企业的管理者过于相信自己。那些具有“法人机构的盲从行为”的企业管理者不想改变企业现状的经营模式，是因为他们认为自己这种经营方式还能够产生经济效益，就算他们的效益在同行业的平均水平之下，也拒绝“冒险”去改变。

More

经营者要经得起模仿的“诱惑”

在投资市场中，模仿行为是企业界一种很普遍的“法人机构的盲从行为”，有些企业管理层不管三七二十一就盲目地去模仿其他企业。例如，一家新公司开了，经营者在做公司经营策略时，总是不自觉地将同行中优秀公司的经营策略搬过来作参考。如果他们发现同行中多家公司的经营模式很像，那么这家新公司的经营者就会不自觉地也采取一样的模式。巴菲特认为，这种公司最终失败的原因，并不是企业唯利是图或做出了很多看起来很愚蠢的事情，而是过于模仿他人，被“法人机构的盲从行为”的压迫性限制，所以以失败而告终。

作为一个投资者，也许不能通过企业的日常管理去断定其投资价值，但当企业面临困难时管理者做出的决策，能给我们一些启发性，让我们以此可以辨别出哪些是值得信赖和投资的企业。最关键的一点是，无论你是哪种投资者，都要抵抗“法人机构的盲从行为”力量的诱惑。每一个投资者都应该拥有独立思考的能力，这样才能寻找出值得信赖的企业，让你的投资迈向成功。

第5章

学习巴菲特的成功投资组合

巴菲特在投资生涯中，他的利润回报率之所以可以长期比市场平均水平高，主要原因是他有一套独特的投资组合和管理策略，这种独特的组合方式是选择几只优秀的股票，而且他也将大多数资金都集中配置在这些股票上。无论股票市场怎么变动，投资者都要坚持持有。同时，投资者也要根据市场的趋势适当地调整，以获得更好的投资效果。

本章教你：

- ▶ 投资组合是什么
- ▶ 投资组合的重要性
- ▶ 根据大趋势调整投资组合
- ▶ 巴菲特的投资组合管理方式
- ▶ 活用投资组合策略

投资组合是你财富增值的一幅蓝图

投资组合是投资者增加财富的战略蓝图，也是巴菲特的利润回报率之所以能做到长时间比市场平均水平高的主要战略。

◎ 投资组合是什么

到底什么是投资组合呢？投资组合就是由投资人或金融机构所持有的股票和债券的整体资产配置。投资组合的目的在于通过组合股票、债券、基金等金融商品和个股配置，来提高投资的预期效果。投资组合的原则是保障投资者的利益，使投资风险大大降低。

针对投资组合，我们可以用具体的例子来说明其含义。

假如你现在有100万元的闲置资金，为了让这笔资金到了晚年可以增加1倍，以保障你的晚年生活，你决定今年要好好地去理财，可是，你又不想把这些资金存放在银行，因为银行的利息很少，这样你的资金增值就会很少而且很慢，甚至也有贬值的可能性。最终，你决定以投资的形式让资金增值。你按照不同的比例去投资股票、国家债券、黄金和外币，选择将资金按不同的比例分配到这四种金融商品上，这就是你的个人投资组合。

Easy-going

投资组合是增加财富的战略蓝图，它的重要意义是既可以控制风险，也可以拥有较高的预期报酬。

在这里，我们所要谈的投资组合是投资股票的组合方式，也就是投资者选择几只股票，再按照投资者现有的资金比例分配分别进行投资。

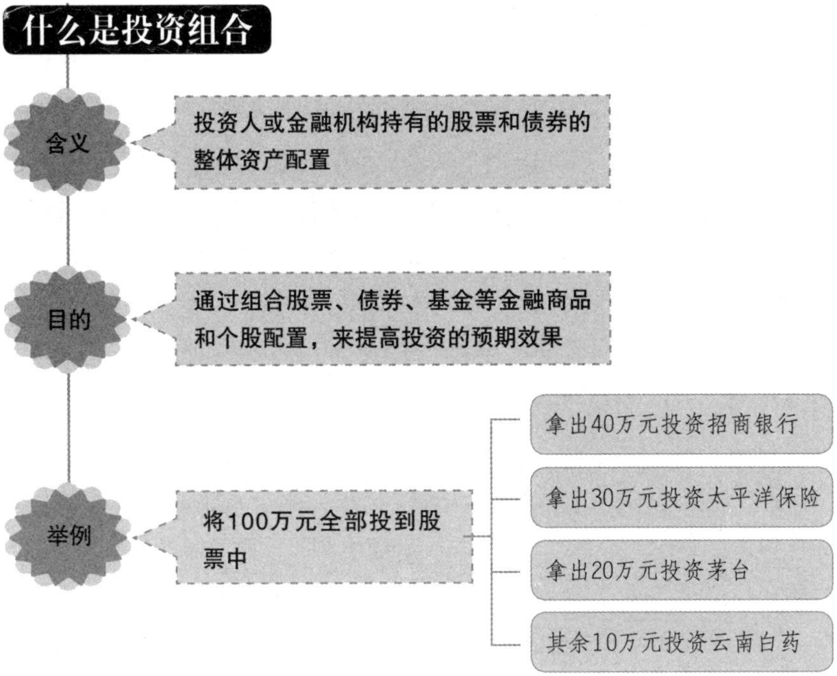

简单来说，就是上面具体例子中，投资者将自己的100万元全部投资股票，如拿出40万元投资招商银行，拿出30万元投资太平洋保险，拿出20万元投资茅台，拿出10万元投资云南白药，这就是投资者的投资组合。巴菲特就是凭借这样的投资组合连续夺得了世界首富的宝座。

◎ 投资组合的重要性

在投资市场中，投资组合对投资者来说有哪些重要性呢？实际上，不管我们对未来的经济发展趋势有什么样的预测，都不可能得出“未来经济一定会持续发展”“某一个企业的股票在未来的几年中肯定是呈上升趋势”等一些肯定性结论，因为在投资市场中，股票和债券一定会受到汇率和利率的影响，所以，为了防患于未然，投资者将价值波动一样的多种个股或是金融商品选择投资组合的方式就显得非常重要了。

现在，我们就用人民币升值来说明汇率变动对我国大多数企业的影响。

当人民币升值的时候，如果把商品卖到国外换回人民币时，就会造成利益减损，所以，对我国企业来说就可能会造成股价大幅度下跌。但是对进口企业而言，因为商品是从国外买进来的，所以，便宜买进商品会使得进口企业的利益得以增加。这样一来，即使同样是中国企业，也有可能会因为汇率的变化导致完全相反的经济趋势。

利率变动也会对企业产生很多影响，只是影响程度因企业而异。如果利率上升，需要在各种设备上投资耗费资金的企业就会因为利息负担变重，而使公司业绩走下坡路，那么它的股票价格就有可能下跌。但是如果是不需要因公司设备耗资的企业，其股票价格就不会受到任何影响。

在投资领域中，有一句至理名言：“不要把所有的鸡蛋放在一个篮子里。”投资组合对于投资者而言非常重要，利用投资组合将资金分散投资在不同的领域中，即使是汇率和利率发生变动，那么受到的负面影响

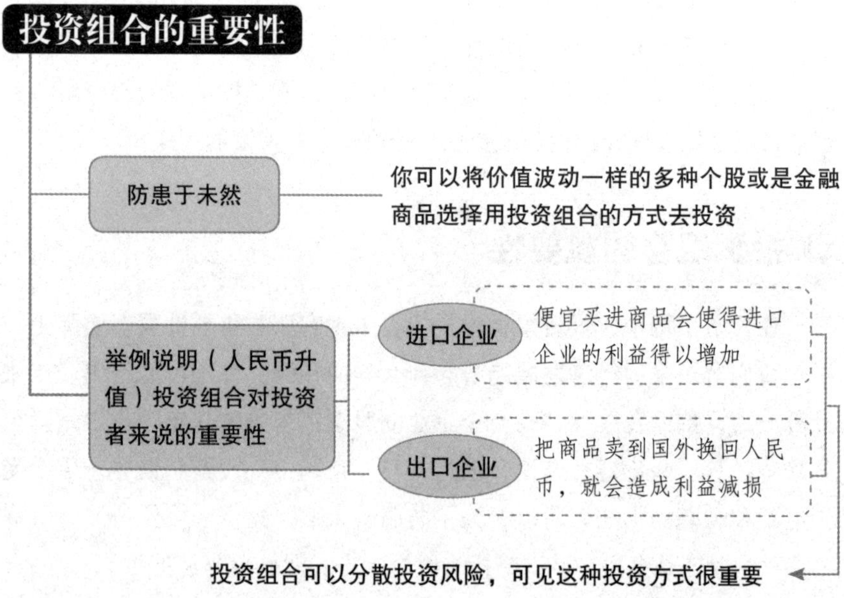

也会很小，所以投资组合的存在对于降低投资风险，收获更多利益具有重要作用。

More

投资组合最普遍的两个运作模式

全球各地的投资人，都会在投资活动中以投资组合的方式去投资运作。而在投资组合的实际操作中，主要可概括为两种，即“积极的组合管理”和“指数型投资”，这两种投资方式是最具有代表性的。

但是，积极的管理投资组合的方式，并不被投资者提倡，原因有两个方面：一是这种投资组合的运作模式虽然可能为投资者带来一时的优越性，但是因为市场的交易很频繁，会使得交易成本增加，投资者获得高利益的可能性不是很大；二是这种基金的手续费很高。

另一种普遍的投资组合的模式就是指数型投资，是指以与大盘指数同幅度波动为目标，去进行的一种分散式投资组合方式，其主要代表类型就是指数型基金，这种基金的最大优点就是手续费比较低，而且可以分散投资风险。

巴菲特对指数型基金是非常认可的，他也曾经评价过：“即使你对投资完全没有常识，只要你定期投资指数型基金，绩效还是能够持平大多数所谓的投资家。”巴菲特之所以赞同指数型投资，是因为买进指数型基金的意义和投资者在投资市场中买进其他各个行业里特别的个股是一样的。如果你想降低投资风险，但是却没有时间去仔细研究分析企业，可又希望获取与市场平均值不相上下的绩效，那么，你最好是选择指数型基金。

当然，分散投资并不仅仅是简单地投资不同的资产类别，还需要将股票、债券、现金资产等投资进行合适的比例调配。同时，还要注重对不同投资品种的地区、国别进行有效地分散和组合，并随着投资时间的变化随时进行调整，以匹配投资风险需求。

其实，按照经济发展的规律变化分析，经济的起伏时有发生，这种变化是不可预测的，但却不是完全不可预防的，分散投资就是一项最为基本有效的规避风险的方式。尤其是不久前才经历过的全球性的金融风暴，无论是老店还是新贵，几乎所有的企业都受到了波及，多少金融大鳄就倒在了风暴当中，这不得不为所有的投资者敲响警钟。

如果不进行多种资产的投资组合，风险就会过于集中，以美国“加州公务员退休基金”为例，这个基金在美国的经济史上一直是以稳定著称，可即使是它，也在金融风暴中损失了700多亿美元，最终不得不调整退休金的缴付比率，这就对加州地区150万名公务员产生了不利影响，如果这些公务员们只集中在这一项基金进行投资，可以毫不怀疑地说，他们的未来会非常艰辛。

在收益高的领域“集中投资”

投资组合策略虽然是巴菲特价值投资法至关重要的一个组成部分，但是在投资过程中，巴菲特对投资组合运作的管理方式，既不是积极的组合管理，也不是指数投资的方法，而是他投资生涯中常用的方法——集中投资策略。

◎ 股神的投资组合管理方式：集中投资

投资者要想领悟巴菲特的投资组合策略的真正含义，就必须理解巴菲特的集中投资策略。不管是投资组合还是集中投资策略，都是巴菲特的投资哲学和思想。在巴菲特的投资生涯中，他将投资组合和集中投资策略两种方式结合起来，运用在投资中。这就是巴菲特的投资方法。

Easy-going

巴菲特曾经说过：“集中投资不仅能降低风险又能提高获利水平，何乐而不为呢？”

巴菲特的集中投资思想的精华是，选择较少几只能够长期在投资市场中产生比市场平均收益高的股票，将大多数资金集中放在这些股票上，无论股票市场怎么变动，只要能坚持持股，一定会获得满意的预期效果。这里所说的“选择较少几只能够长期在投资市场中产生比市场平均收益高的股票”，其实就是投资者选择的投资组合，而“将你的大多数资金集中放在这些股票上，无论股票市场怎么变动，只要投资者能坚持持股”就是投资组合中的管理方式，投资者运用这种方式就能获得很好的预期报酬。

所以，特别要强调，巴菲特的集中投资更适合那些投资为数不多的精选个股的投资者。可能很多投资者会很疑惑，那么我们就来探讨一下。第一，积极的组合管理模式不仅消耗投资者的时间和精力，也不一定可以使你获得更好的利润；第二，指数型投资是一种很机械化的投资方式，虽然这种方式可取得比市场平均水平高的市场回报率，但是与集中投资方式相比，其收益效果就很低了。

分析巴菲特1997—2003年各年度的投资组合就可以清晰地知道，实际上，巴菲特的投资组合平均股票数目仅仅有8只，但是却占投资组合比例的平均约91%，而投资组合年度平均收益率高达约264%。观察分析巴菲特的每只全球著名的企业股票，如可口可乐、吉列、美国运通和富国银行等，就可以知道巴菲特集中投资的特点：（1）每一家企业都有很强的市场根源，这种市场根源使得这些著名企业具有巴菲特认为的“特许权”，这就和一般性的大宗商品不一样。这就表明选择投资组合是非常重要的。（2）巴菲特对这些企业的未来发展前景有很详细的了解，这就是他不在乎市场波动，也要长期投资这种企业的原因。

集中投资有什么特点

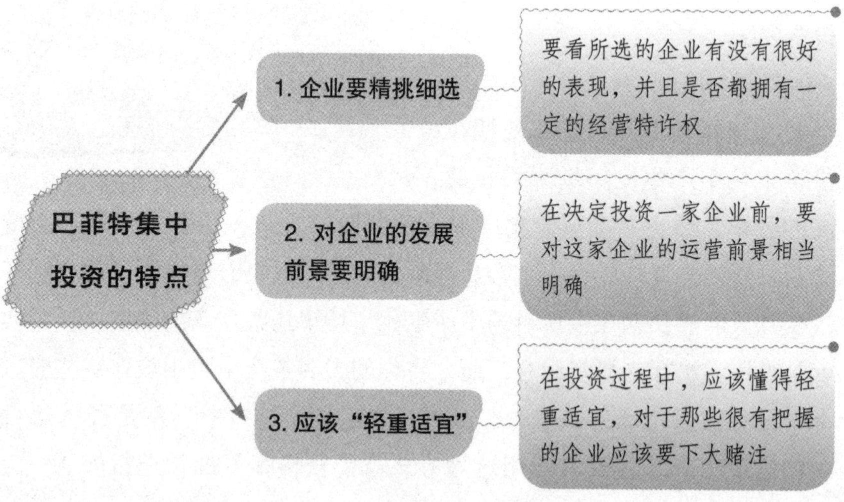

（3）巴菲特对投资组合中每一股的投资配置都不一样，对自己非常注重的股票就下大赌注。

◎ 灵活运用投资组合策略

按理说，在投资市场中，用集中投资的方法去管理投资组合，而且要获得很高的投资收益回报，应该不是一件很困难的事情。巴菲特在投资过程中就是凭借着这种投资组合中的集中投资策略，才成为世界上非常富有的投资者。但是，普通投资者在运用这种策略的时候，一定要灵活运用集中投资的方式，且要注意集中投资的步骤及特点：

1. 掌握选股模式，找出优秀的公司。

在投资市场中，那些优秀的公司，指的就是那些绩效长期持续稳定、公司的经营者很理性且真诚的公司。前面我们说过巴菲特选股的原则，这些选股方式都是能够找到优秀公司的好方式，只要投资者把这些原则运用

集中投资的步骤和特点

掌握选股模式，寻找优秀公司	掌握好选股方式，寻找你认为值得去投资的优秀企业
个股越少越好	找出优秀公司筛选出个股，架构成投资组合
在优秀个股上押大赌注	将大多数资金集中投资在一只或是几只优秀的个股上
长期持有的心态	如果你发现了优秀的企业，就应该以终生持有的心态去投资股票
远离市场波动	远离市场波动，拒绝频繁地交易，才会实现预期的投资效果

到投资中，就可以寻找出你认为值得去投资的优秀企业，也就是适合投资者长期持有的绩优个股。

2. 构成投资组合的个股越少越好。

在投资市场中，普遍存在着只要尽量分散持有个股或是其他金融商品，就能够降低投资风险的思想观点。但是成长型投资大师费雪认为，投资者如果是分散投资在自己陌生不了解的企业，还不如将资金集中投资在自己非常熟悉的企业。他的投资观点也是巴菲特认同的。

巴菲特也这样说过：投资者持有很多没有经过仔细调查的个股，其投资风险反而会很高。虽然对完全没有投资常识的投资人来说，指数型基金是一个不错的选择，但是对股票投资没有一点经验和相关知识的人来说，集中投资才是最好的方式。因为，投资人只要有一定程度的相关知识，就会找出表现优异的公司筛选出个股，从而架构出成功的投资组合。

3. 在最好的个股上押大赌注。

在最好的个股上押大赌注，就是投资者将自己的大多数资金集中投资在一只或是几只优秀的个股上，这也是投资者在投资过程中管理投资组合得到最大利益的主要方式。虽然巴菲特投资原则的其中一种，是将目标放在那些确信至少会投入自有资金10%的企业，但是巴菲特的集中投资战略，并不代表要将自有资金平均分配到那10只个股上。从巴菲特多年的投资组合中，可以明确地知道，他筛选的个股也是有优劣之分的，而且个股的资金分配也不同。巴菲特认为，在投资过程中，相对优秀的公司所占的比例是非常大的。

4. 抱着永久的心态持有股票。

一直以来，巴菲特都在倡导投资者应该要以终生持有的心态去投资股票。实际上，在巴菲特的投资生涯中，他也做到了。巴菲特认为，投资者在运用投资组合时，应该首先想到找出一些至少能够持有5~10年的绩优个股，这样，投资者才能确保自己的投资组合产生最大的效益。如果你发现了更优秀的企业，或是现有个股企业的经营模式发生了改变，就要重新调整自己的投资组合了。

5. 远离市场的波动。

股市是经常发生变动的，如果你没有一个好的心态面对市场的变动，就会被“市场先生”牵着鼻子走，就算是很好的投资组合也很难实现它的价值回报，所以，投资者应该远离市场波动，拒绝频繁的交易，才会实现投资组合预期的效果。

More　**分散投资策略VS集中投资策略**

如果分散化策略有100只不同的股票，集中化有5只股票。假设分散化策略中有1只股票的价格上涨1倍，整个投资组合的价值就会随之上涨1%。而集中化组合的整体价值却是20%。如果分散化组合想达到这一目标，那它的组合中一定要有20只股票的价格翻倍，或是组合中的一只股票要上涨2000%。如果让你选择投资策略，你会怎么选择呢？答案不言而喻。

根据大趋势调整投资组合

巴菲特价值投资的重要策略是运用集中投资的方式管理投资组合。那么，普通投资者的投资组合是由多少种个股组成的呢？当投资者的个股发生变化时，投资者又该怎么对投资组合进行调整呢？

◎ 普通投资者怎样构建投资组合

在投资市场中，普通的投资者会存在两种缺陷：一是希望把股市上所有走势很好的股票包揽下来，于是将自有资金分散到10只或更多的个股上，有的投资者甚至是借债买股。二是总是在跟随着“市场先生”的步伐，反复地调整自己的投资组合，最终却导致原始的投资组合变得面目全非。这两种投资缺陷，说到底，除了投资者的心态，投资者对自己的自有资金架构投资组合也没有清晰地分析思考过。

Easy-going

投资者构建投资组合并不是一件很难的事情，在投资过程中，最关键的一点就是要寻找出优秀的企业，也就是股票市场中的龙头股票，找到之后，再把你的资金按照一定的投资比例，分期投放到你所选择的股票上。

成功投资者给予这些投资人以下几个建议：留存好对自己生活或是留给急需之用的资金。假如你身上有3万元，甚至是更少的闲置资金能够用来投资，那么你的投资组合的个股不应该超过2种。如果你手头有5万元的闲置资金，那么你的投资组合最好以2～3种最好。如果你有10万元的闲置资金，那么你的投资组合可以在3～4种个股。如果你的闲散资金有50万~100万元，那么你可以选择5～6种个股。即使你有200万元以上的闲置资金，建议你的投资组合最好在7～8种个股为好。

如果投资者持有10种以上的股票，这对你没有任何意义，因为你对这些股票的信息不可能完全了解，而且也不会增加投资组合带来的效益。与此同时，也不赞同那些借债投资的人，因为那样做会不利于心态的调整，也会给你的家庭带来巨大的负担和影响，打破你原有的平静生活。

投资者在增加投资组合时，一定要根据自己的资金情况去确定持有多少种股票，一旦确定下来就最好不要超过这个限度。如果投资者最大限度是6种，那么就不要持有7种、8种，甚至更多种股票。

另外，投资者买进股票的时间要尽量分开，最好是分期买进。而且一

现金量决定买股个数

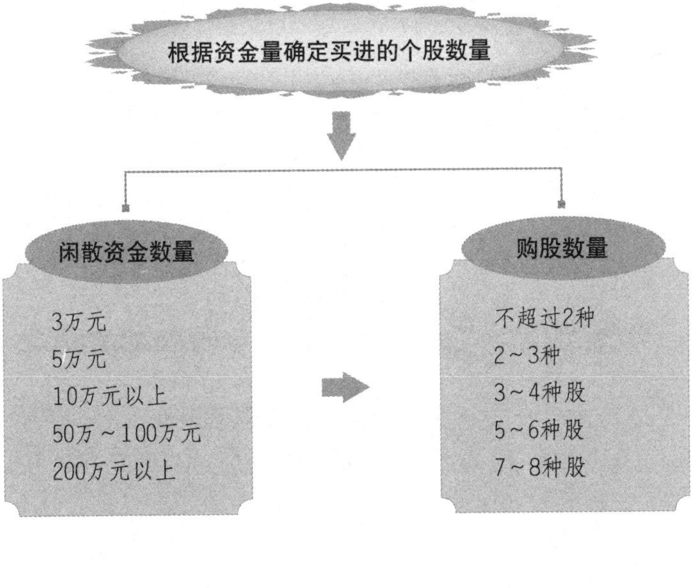

次买进一种，因为在全部投资之前，投资者要买进的股票至少要呈现出一点上升的趋势。

◎ 怎样管理投资组合

每个投资者要想管理好自己的投资组合，就一定要遵循一种股票买进和卖出的发展投资法则。投资者在股票市场中买进龙头股票是一方面，而清晰了解自己什么时候该去坚持什么，并懂得如何把握何时补仓及何时卖出却是另一方面。

如果用这种方式，绩效很好的股票，投资者可能会持有1~2年。业绩不是很好的股票，应该在它们开始落后于其他股票的时候尽快出手。

在投资市场中，每一个投资者的选择未必都正确。但是当投资者在市场中出现错误的时候，一定要勇于承认自己的错误并且要再次行动起

怎么调整投资组合

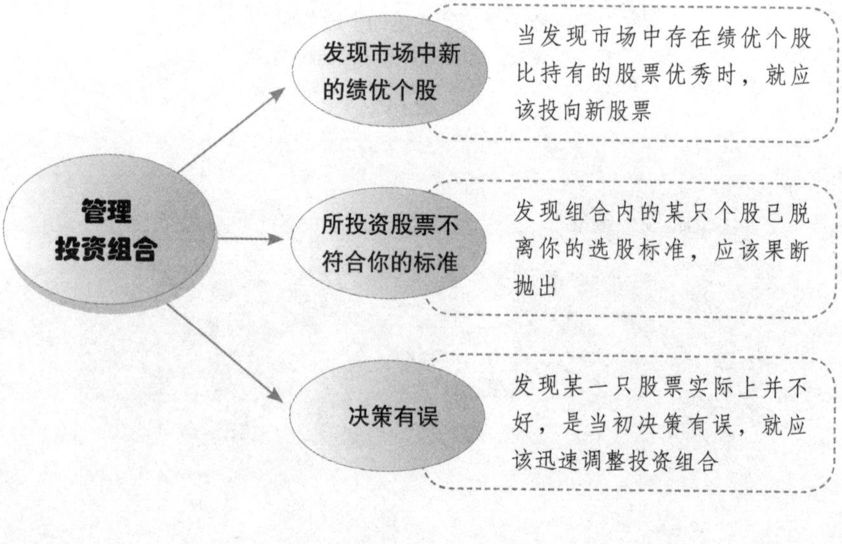

来。如果投资者拥有一只市场中的龙头股票，就一定要清楚了解到以什么样的方式利用这样的股票，避免错失龙头股票的优势。

巴菲特在投资过程中，就是抱着终身持有的原则去持有股票，所以，他对投资组合的调整是非常谨慎的。投资者买进了股票，构建了投资组合之后还应该继续了解并分析这只股票代表的公司，不仅要关注每只股票的发展趋势，更重要的是多留心观察市场中潜藏着的优质股。

如何调整和管理投资组合？如果投资者还不清楚怎么去做，可以好好地借鉴一下投资大师巴菲特的投资管理和调整投资组合的方法。

1. 如果投资者发现投资市场中存在新的绩优个股，而且这只股票比你投资组合中的某一只股票更优秀时。

在巴菲特投资的过程中，当他发现市场中存在绩优个股时，会将新股与现有的股票做详细地对比，当发现新股比自己持有的其他股票更加优秀或是符合自己的投资原则时，才调整自己的投资组合。投资者对照一些好的投资原则，如果发现新的个股比自己持有的股票优秀，就可以抛掉组合中价值最低的那只股票，再把资金投向新股票。

2. 当投资组合中的某一只股票发生改变时，并已经脱离了当初你选择的标准时。

如果发现组合内的某只个股已经不符合当初选股的标准，就要非常果断地出手抛掉。

3. 发现当初对投资组合中的某只个股做出的决策不正确的时候。

巴菲特在投资过程中，发现先前对组合中的某只股票做出不正确的决策时，会很快地进行调整，卖掉这只股票。巴菲特的管理和调整投资组合的方法并不是很难，若你的投资组合中存在以上3种情况，就学着像巴菲特一样对你的投资组合进行调整。反之，你就应该以终生持有的心态去管理你的投资组合。

More

你知道巴菲特调整投资组合的步骤吗

巴菲特在投资过程中，会遵循下面的步骤去灵活地调整自己的投资组合：

1. 审视自己的投资计划。

巴菲特在调整自己的投资组合时，首先考虑到的就是重新审视自己的投资计划，包括投资目标和投资期限等内容。

2. 了解自己的资金状况。

除了考虑好自己的投资计划，还要了解自己现有的资金情况，以便于决定配置各种股票的比率，使得各种股票达到最好的比例，巴菲特在调整投资组合时总是这样做。

3. 观察所持股票的投资回报率，决定调整方案。

巴菲特每次在对投资组合进行调整时，都会关注各只股票的投资状况，以此确定最佳的调整方案，更好地吸收优质股票。

4. 尽量集中投资。

在每次调整投资组合时，巴菲特都会尽量集中自己的投资，他持有的组合类型的股票，主要种类不会多于 10 种。

优化你的投资组合

巴菲特掌管着数千亿美元的资产，但是他持股的数量只有45只，然而更让人惊讶的是，在巴菲特的投资组合中，其投资金额的绝大多数仅仅是集中在不到10只股票中。

◎ 把握好你手中的股票

巴菲特认为，投资者一定要好好地把握自己手中的股票，应该坚持长期持有的原则。最好不要出现今天看好这只股票，明天又看上另外一只股票，每天都是这样不断地买进卖出。这种投资行为是非常不理性的。不过证券市场中的券商们很喜欢这种善变的客户。此外，巴菲特还认为，一旦投资者找到自己熟悉、投资风险小，且十分优秀的公司，就应该大胆果断地做出决策。如果你是一个拥有专业知识的投资者，能够清晰地了解到企业的经营情况，并可以寻找到5～10家具有长期竞争优势，且股票价格非常合理的优秀公司，那么传统意义上的分散投资对你而言就没有意义了，反之，会损害到你的投资成果及增加你的投资风险。而这个时候，投资者就应该采用优化投资组合的方式，因为这种方式是扩大投资收益、降低投资风险的最佳方法。

Easy-going

虽说巴菲特持有过几十只股票，投入的资金巨大，但他持股很集中，对此我们可以理解为这是相对分散的绝对集中的投资行为，巴菲特也因此而获得丰厚财富。

◎ 巴菲特的优化投资组合

1973年，巴菲特在《华盛顿邮报》公司投资了1000万美元，过了4年（1977年），巴菲特对《华盛顿邮报》的投资增加到3000万美元。巴菲特认为媒体出版行业在今后有着很大的发展空间，所以，1986年，他向美国广播公司投入了大量的资金。

1987年，巴菲特的伯克希尔公司拥有的股票市值超过了20亿美元，更让人意想不到的是，这20亿美元的股票仅仅是源自巴菲特持股的三家公司，这三家公司分别是美国广播公司、GEICO公司和《华盛顿邮报》。这真的是让人匪夷所思，世界上不会有第二人像股神巴菲特这样，将20亿美元的股票全部集中放在三家公司的股票上。

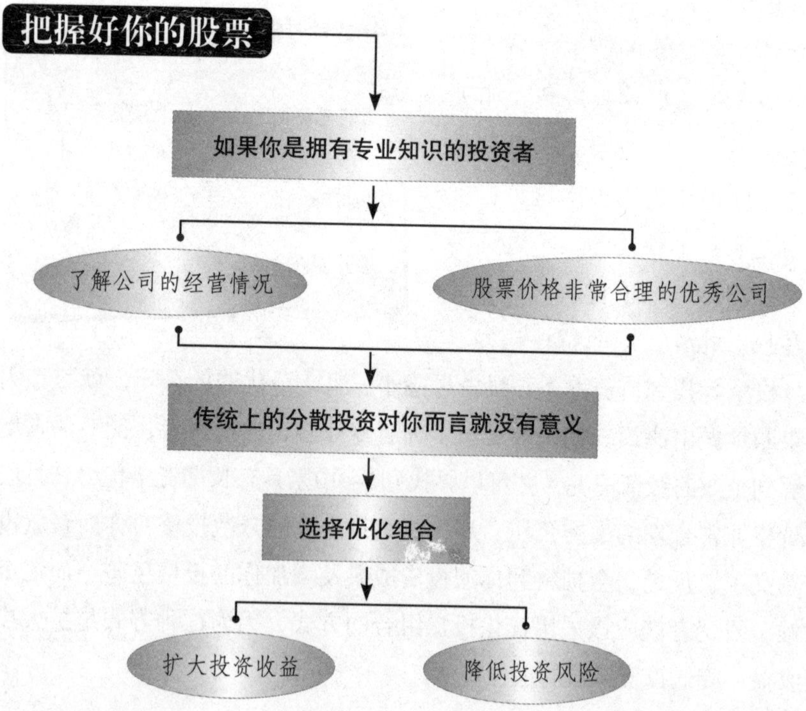

1988年，巴菲特又创下了一个奇迹，他先是以1400万美元买进了可口可乐公司的股票，年底，他对可口可乐公司的投资上升到近6亿美元。第二年，巴菲特对可口可乐公司的投资超过了10亿美元。巴菲特果断的投资行为也为他带来了巨大的财富。1989年，伯克希尔公司旗下的可口可乐公司为巴菲特创造了近8亿美元的收益。在伯克希尔公司的普通投资组合中，日常消费品占据了一半以上。

◎ 巴菲特优化投资组合的启示

股神巴菲特管理伯克希尔公司的投资组合之所以成功，主要是因为他能够在投资过程中灵活运用，以不变应万变。在投资市场中，当绝大多数投资者都因忍受不住种种市场诱惑，不停地在股市中买进卖出时，

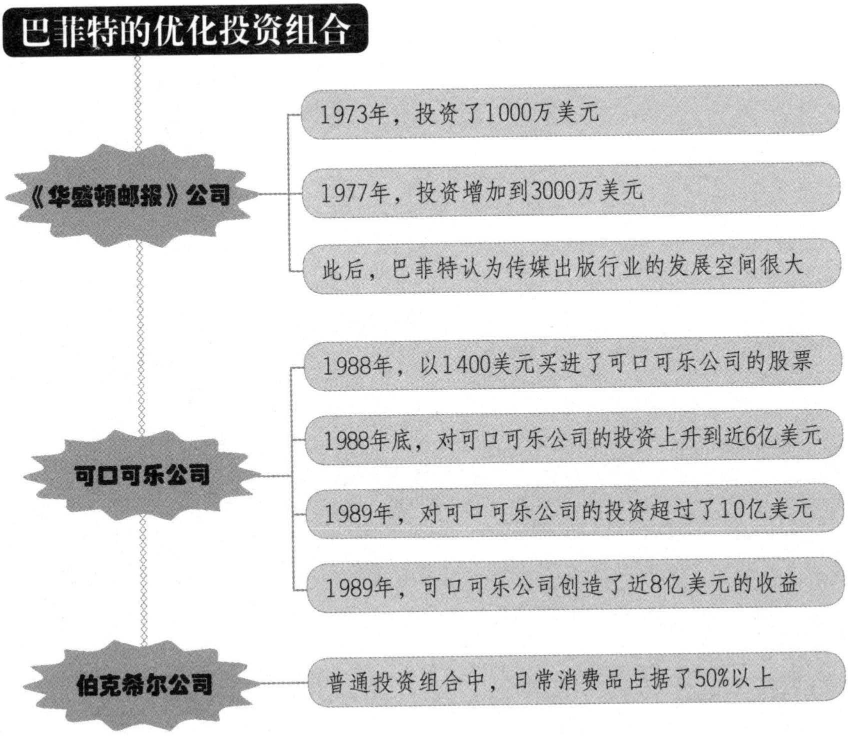

巴菲特却是很理智地静观。巴菲特说，投资者买进一家优秀企业的股票并坚持持有，比整天穿梭在那些一般甚至很糟糕的股票中要简单容易很多。在巴菲特的投资生涯中，他只关注那些优秀企业的股票，而对那些绩效不佳，仅依赖股市涨跌情况而运营的企业是没有任何好感的。在股市中，有很多投资者每天都在不断地买卖股票，而股神巴菲特却能够在一年甚至更长的时间里都不会去动持有的股票。

事实证明，巴菲特的成功主要是在他投资了几个巨大的公司上，如可口可乐公司和《华盛顿邮报》等。巴菲特在投资中告诉人们：为了避免投资风险，并能够获得巨大的收益，优化投资组合且坚持持有手中的股票是非常重要的！

第6章 巴菲特的操作策略

巴菲特在他的投资生涯中，受到很多世界顶尖级投资大师的指导，再加上他对投资具有一定的天赋，以及他在投资中摸索出来的投资经验，才逐渐形成了一套属于自己的独特的投资操作策略。他的这些独特策略不仅仅来源于他的投资导师，也来源于他长期以来积累的投资经验。巴菲特的投资操作策略让人终生受用。

本章教你：

- ▶ 投资者怎样控制投资风险
- ▶ 不要在意市场股价的短期跌涨
- ▶ 不要当算命先生——预测市场的走势
- ▶ 正确评估企业现在与将来的价值

要“青出于蓝而胜于蓝”

巴菲特说过：我是格雷厄姆的80%，费雪的20%。可见，巴菲特的投资操作策略，是在吸收前辈投资精髓的基础上逐渐发展形成的。正所谓“青出于蓝而胜于蓝”。

◎ 导师格雷厄姆的投资策略

巴菲特早期在大学期间就读过格雷厄姆的著作《聪明的投资者》，并对他的恩师格雷厄姆非常崇拜，所以， 当时巴菲特最大的心愿就是能够成为格雷厄姆的学生，以汲取导师的精华。最终，巴菲特通过自己的不懈努力如愿以偿。

在格雷厄姆的指导下，巴菲特获得了导师很多的价值投资理念。导师告诉巴菲特，真正的投资者不是把所有的精力和时间都放在市场行情上，而是把重点放在了解上市公司的内在价值上。格雷厄姆认为投资者在投资过程中，应该了解企业的收益情况、资产水平，以及这个企业的未来发展前景等，只有充分了解并掌握了这些信息，才能合理地分析出这个企业的实际内在价值，而其股价是不可能在任何一个时间内都能反映出一个企业的内在价值的。

Easy-going

巴菲特曾经对自己的投资策略这样评价，“我的投资策略是：格雷厄姆的80%，费雪的20%”。他的投资策略是前两位投资大师的结合体，但是他又在两位大师投资理论的基础上，创造了自己的一套独特的投资策略理念。用中国的一句话来说，巴菲特就是“青出于蓝而胜于蓝”。

巴菲特恩师的投资理念

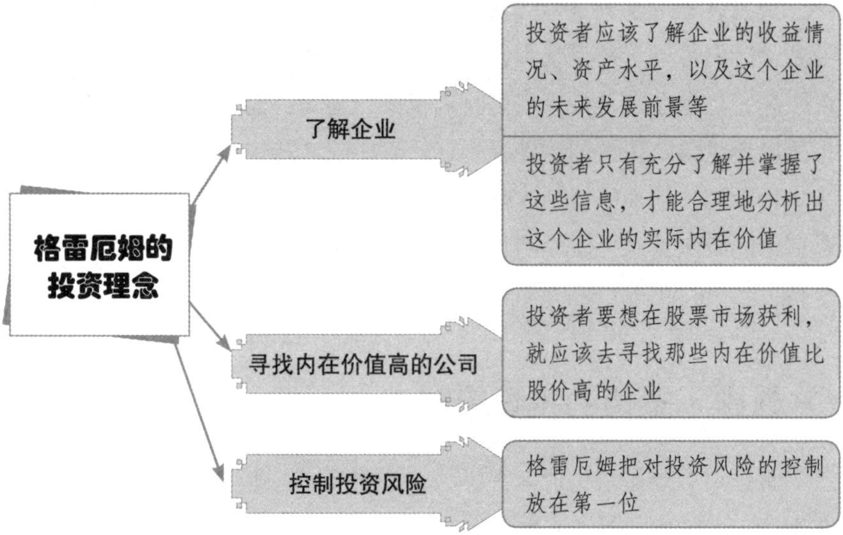

所以，投资者要想在股市中获得很高的收益，就应该去寻找那些内在价值比股价高的企业，而且要大批地买进。当你选择这家企业的内在价值被市场认可后，那么它的股价也会随之不断上涨，投资者的收益就可想而知了。

在格雷厄姆的投资理念中，他把对投资风险的控制放在第一位，这也是巴菲特投资生涯中推崇的信条之一。格雷厄姆曾经对向自己求教的投资者们说过这样的话："投资的第一黄金定律是拒绝损失，第二黄金定律是永远记住第一条。"格雷厄姆善于将公司的资料和年报资料分析得很透彻，但是很少关注一个公司的类型和特点。所以，格雷厄姆的投资理念就出现了一个问题，就是当投资者发现了不被市场认可的公司，其公司的经营情况就存在不少的缺陷，这也就给巴菲特在以后的投资生涯中带来了一些疑惑。但是，"成长股之父"费雪的出现，就为巴菲特解决了心中的困惑。

◎ 如同“救兵”一样的费雪

费雪在投资界中最擅长投资成长股，所以，他也就拥有了“成长股之父”的称号。费雪认为，投资者应该投资在那些成长率比市场平均水平高，且盈利高、拥有优秀管理模式的公司，而不是注重一个公司现有的股票价格。费雪的这种投资理念给了巴菲特很多启发，让他受益匪浅。1972年，巴菲特成功收购喜诗糖果公司的案例，就是受到费雪的投资理念的影响，这个成功的收购案例经过事实证明，是一个非常明智的交易。

◎ 戴维·多德的投资策略

戴维·多德是哥伦比亚大学的一个老师，与巴菲特的恩师格雷厄姆合作了一本投资名著《证券分析》。巴菲特这样说过：“戴维·多德，既是我的恩师，也是我的益友。我认识许多金融与投资学的教授，但是除了格雷厄姆以外，没有人可以和多德相比。他在教育上的天赋，最好的证明就是他的学生们杰出的投资业绩记录。没有任何一个投资学老师能够像多德这样培养出如此之多取得非凡业绩的投资人才。”

戴维·多德对投资学做出的最大贡献，就是对投资中一些偶然性事件做出的研究。

戴维·多德在研究中发现，许多投资界的成功人士，都出自一个智力部落，即他们都同时师从或模仿一位投资大师。这种现象绝对不能用简单的偶然来解释，而是投资智慧的结果。

◎ 芒格的投资策略

巴菲特受到芒格的影响非常大，应该说芒格的投资理念对他的投资活动有进一步的更改作用。对于芒格主张与自己的老师不一样的投资理念，巴菲特对这位合作多年的老师作出肯定的评价："他把我推向了另一个方向。我以非同寻常的速度从猩猩进化到人类。"

芒格认为："正因如此，成为一个聪颖的投资者就尤其艰难。但认为市场不是完全有效的，因此这个部分的有效性(some what efficient)就能够带来巨大的盈利空间，令人咋舌的投资纪录很难实现，但绝非不可能，也不是金字塔顶尖的人才能做到，我认为投资管理界高端30% ~40%的人都具有这个潜力。学院派赞美多样化的投资理念，这对优秀的投资者是一种伤害。伯克夏风格的投资者极少尝试

芒格的投资理念

- **将大多数的财富投入一个正确的选择中**：如果有大牌在手，就要下重注，因为你不常拿到大牌。机会出现，但不是经常的事，所以，一旦它降临就要紧紧地抓住
- **以合适的价格购买优质的业务**：投资游戏总是要同时考虑质量和价格，关键就是用付出的价格得到更好的质量，事情就是那么简单
- **在考虑自己的边际效应和心理承受力后再加入游戏**：如果亏损会让你痛苦，而有些亏损又不可避免的话，那么你最好明智地选择一种非常保守的投资和储蓄方式，所以，你必须将自己的天性和天分融入自己的投资策略中
- **阅读，并搜集足够的相关信息和数据，然后进行思考和判断**：如果人们在潜意识里养成一种习惯，把独到的东西和所证明的基本概念联系起来，渐渐地就会积累起一些有关投资的智慧。如果没有进行过大量的阅读，一个人不太有可能成为一个广泛意义上真正出色的投资人

多样化。学院派的观点只会使你对自己的投资纪录与平均水平相差不远、感受好一点而已。

要学会风险控制

在投资市场中，处处存在着机遇和陷阱，身在投资市场中，你可以一夜之间成为“暴发户”，也可以在一瞬间一无所有。股票市场中存在着一定的风险，但是，投资者也不能因为有风险而感到恐慌，股市中的风险并不是不可以防范的，只要你采取合理的应对措施，市场中的风险是可以避免的。

◎ 股市中的三种风险

第一种风险：市场价格波动风险。

在投资界，无论是已经成熟的股票市场，还是刚刚兴起的新股票市场，股票的价格每天都会频繁地变动。例如，无论是美国早已经成熟的股票市场，还是现在中国刚刚兴起的新型股市，都经历过股票市场暴涨暴跌的情况。股票的价格波动是投资市场中的基本特质，这是避免不了的。

Easy-going

发展的首要因素是能够生存下去，投资者要想在股市中获得高盈利，首先要学会的是不亏损，只有在此基础上才能谈盈利。

第二种风险：上市公司的经营风险。

市场的股票价格和一个上市公司的经营业绩有着非常密切的关系，然而一个上市公司的未来经济发展充满不确定性。每一年，全球都会有不少上市公司因经营状况不佳而导致亏损，这个时候，公司的股票价格就会随之下跌。

股市中的风险

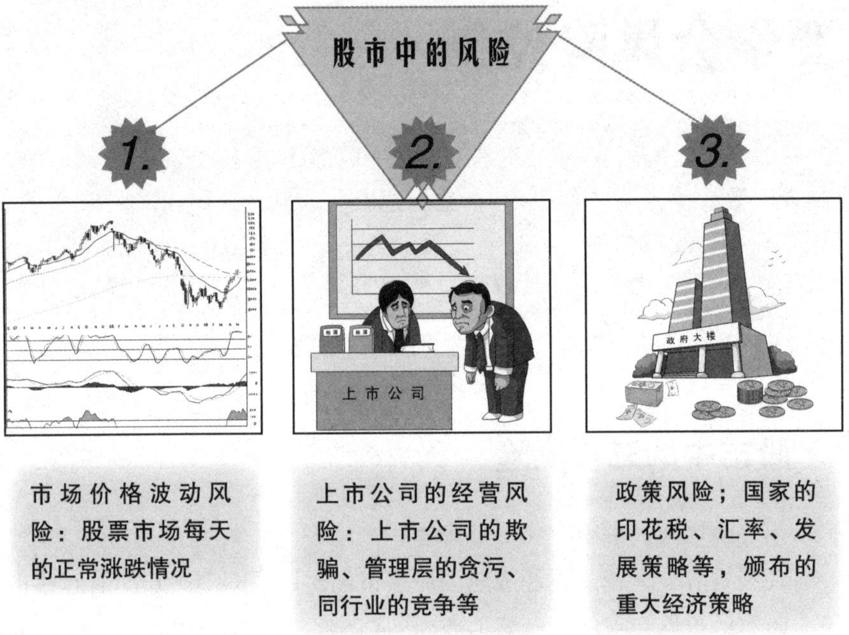

第三种风险：政策风险。

世界上每一个国家的相关部门，都有可能随时颁布或是调整很多和股票市场相关的政策性的法律法规，这些都会给股市的运作带来很大的影响，甚至是引起巨大的股市波动。例如，2007年5月30日，中国有关部门突然将股票交易的印花税率从原来的千分之一提升到千分之三，从而造成中国一些大型城市如上海、深圳的股票交易额大幅度地下跌，给很多股民带来巨大的损失。有时，国家相关部门也会颁布一些经济政策，虽然并不是直接针对股市，但是依然会给股票市场的运作带来很大的影响。政府颁布的政策通常有汇率、产业和不同区域的发展等政策，例如，中国有关部门在2008年11月颁布的“四万亿经济刺激计划”，政策颁布之后，上海、深圳的股票市场出现不小的反弹现象。

◎ 巴菲特避免风险的办法

巴菲特认为，在投资过程中遇到风险时最关键的一点是要懂得如何自救，而每一个投资者的自救能力就来源于他能不能全面谨慎地独立思考。投资者最好不要把全部的资金投进股票中，如果看中一只股票，可以分期、分阶段地去购买。此外，投资者的手里应该留有足够的备用资金，以应对所选择股票价格大幅度下跌的风险。巴菲特的投资经验告诉人们，如果投资者的经济实力不是很雄厚，那么，刚开始对自己选择的股票要尽量减少投入资金，但是并不代表你要收回全部的资金，而是可以先投较少的资金一探究竟。

看股神怎么避免投资风险

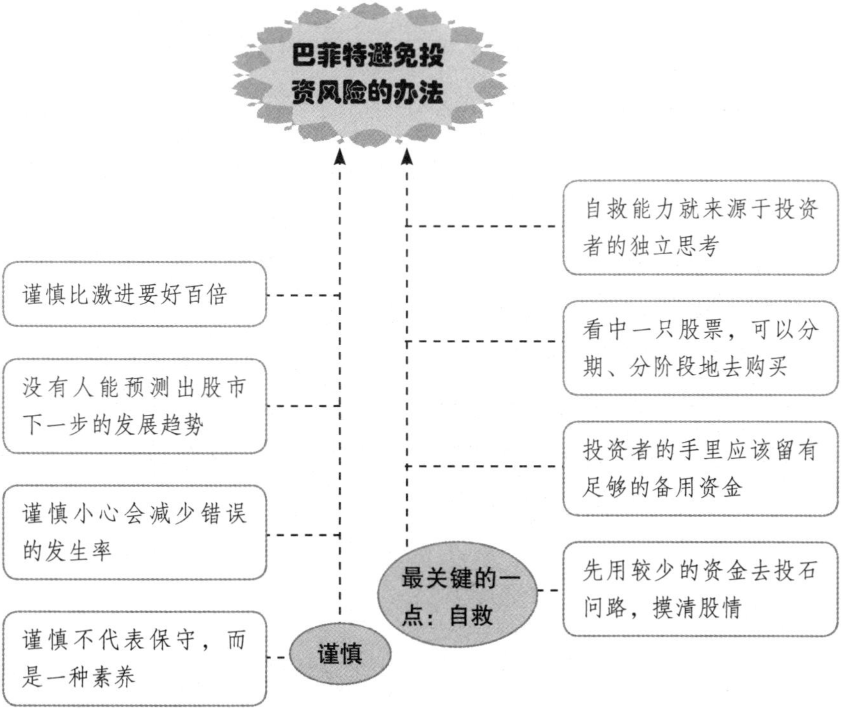

巴菲特认为，在股市中，投资者的谨慎要比激进好百倍，因为没有任何人能预测出股市下一步的发展趋势。在股票市场中，也许5分钟前还在迅速上涨的股票，5分钟之后就会暴跌。世界上基本上没有任何人能够每一次都抓住这种股票变化的转折点。所以，投资者在大规模投资前，一定要先用较少的资金投石问路，等摸清了市场情况，再逐渐加大投资资金。

巴菲特还认为，在投资市场中，投资者的谨慎并不代表保守，也不意味着胆怯害怕，更多的是表现出一种策略和素养。先想一想，如果一个人连健康都没有了，还谈什么事业、发展呢？股票市场也是一样，如果投资者的资金都保不住，还用什么在股市中获取利益呢？冲动和鲁莽必然会带来失误和损失，而谨慎小心则会减少错误的发生。所以，投资者要想在股市中盈利丰厚，就一定要控制好风险，以减少损失。

投资实战

理论背景

曾经有一种叫作“投资组合保险”的投资决策在投资界中甚是流行。这个投资策略是将投资组合的方案在高风险和低风险资产之间达到一个平衡的状态，以此使得投资者的收益不会低于预期的效果。

巴菲特不认同这种分散风险的做法，他认为真正的风险是当一个投资者不知道自己在做什么的时候。对于一个聪明、理智的投资者来说，选择那些绩效好的出色公司，放弃那些不良的公司，才是正确明智的投资行为。

投资进行

1995.05.19-2004.05.19CPPI策略实证结果

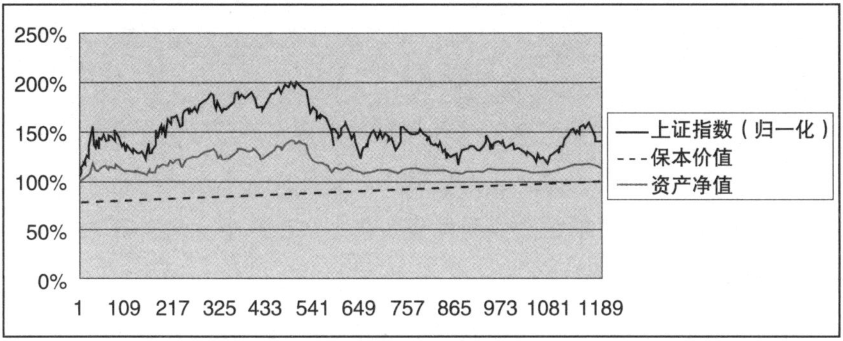

2002.01.04-2007.01.04CPPI策略实证结果

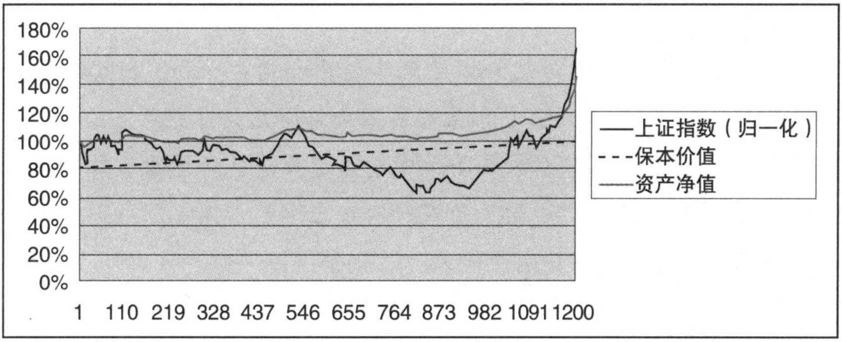

2002.10.08-2007.10.08CPPI策略实证结果

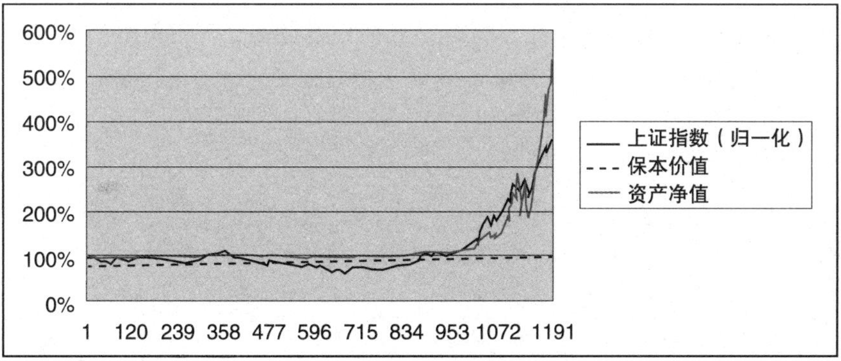

投资结果

1. CPPI策略在市场行情处于空头时期，可以很好地起到保护投资者最初设定的保险额度的作用；在市场行情处于多头时期，可以获得较好的市场盈利空间；在市场行情处于震荡时期，也可以取得比B&H策略更好的绩效效果。

2. CPPI策略中最低保险值和风险乘数设定的不同，会导致CPPI策略的绩效产生较大的差异，在实践中需要根据不同投资者的心理需求，灵活搭配最低保险值和风险乘数，从而产生出适合不同投资者的投资组合保险策略。

3. 需要指出的是，大多数情况下CPPI策略的交易成本比B&H策略高。这会损失掉投资组合的一部分收益。

投资分析

1. 固定比例投资组合保险策略是由Fisher Black和Robert Jones在1987年提出的。CPPI策略的基本思路是让投资者根据个人对收益的要求程度和对风险的承受能力选择适合自己的参数，通过动态调整风险资产和无风险资产的组合比例，保证风险资产的损失额不超过投资者的承受能力。

2. CPPI策略的特点是放大乘数不变,但是在不同的市场环境下，最优的放大乘数并不相同。由此，对于CPPI策略的一个拓展方向是将不变放大乘数改变为动态放大乘数。

3. 当市场处于多头行情时，风险乘数越高，CPPI策略绩效表现就越好；当市场处于空头行情时，风险乘数越高，CPPI策略绩效表现就越差。

不要有“一夜暴富”的想法

股神巴菲特是个极少见的投资天才，他身上与生俱来的投资天赋，并不是每个人都具有的。然而，巴菲特对股票的态度——耐心和钟爱，也不是我们每个人都能学会的。很多人可能每天都在思考怎样才能迅速成为很富有的人，如果从这个角度去看，那么巴菲特独特的投资理念和方法与人们想“一夜暴富”的想法是大相径庭的。

◎ 投资要理性，拒绝暴富心理

巴菲特之所以能够拥有今天的财富和地位，是因为他在投资事业上几乎是用了毕生的时间和精力，而不是普通投资者的那种“一夜暴富”的心理，他也认为自己不具有那种“一夜暴富”的本领。

巴菲特认为，在投资市场中，任何人都不可能具有预测未来股市发展的特殊能力，谁也不能准确地估算每天股票的涨跌情况，所以，一个投资者在投资之前，首先要清楚自己拥有什么、正在做什么，除此之外，投资者还应该明白想要的是什么，如果没有达到预期的效果又该怎么样。

Easy-going

股市不是赌场，也不是依赖赌博致富的地方，所以，具有赌徒的“暴发户”心理的投资者不适合在投资市场中生存，只有拥有一定智慧和良好心态的人，才能成为股市中的佼佼者。

很多刚进入股市的新人，可能总是会有“一夜暴富”的心理，想快速挖出个“金元宝”，这种不切实际的想法，会导致其在股市

你有暴富心理吗

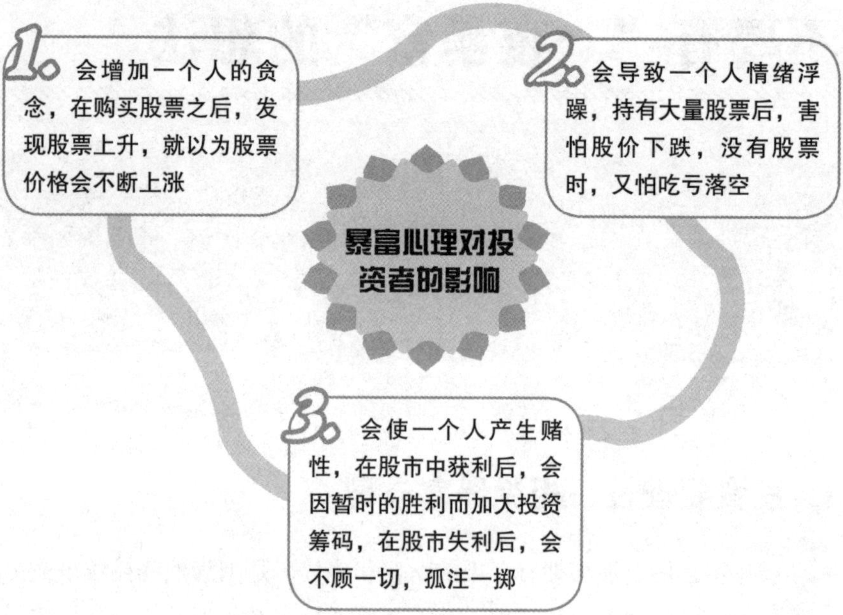

中损失很大。如果一个投资者想在股市中获得高利润，就一定要做到淡定、心态平和。如果投资者追求的目标很虚幻，总是盼着自己投资的股票每天上涨、每月上涨，那么，最后反而会给投资者造成很大的损失，因为这样的投资者在投资过程中是盲目的、不理性的。

◎ 暴富心理是魔鬼

暴富心理在我们生活中处处可见，这种心理可能在股市中略微明显，那么，这种暴富心理会给市场中的投资带来什么样的影响呢？

1. 暴富心理常常会增加一个人的贪念。

在股市中，拥有暴富心理的投资者，常常会在购买股票之后，遇见股票上升情况，对股票价格的期望值也会随之不断上升。如果股票价格上涨了1元，他们就渴望上涨2元，若股票价格上涨2元，他们就渴望上涨到4元等，他们对股价的期望值越来越高，没有尽头。这样就导致投资者会一直在股票的高位上追涨，反而错失了出手卖掉股票的最佳时机。

同样，如果遇到股票价格下跌的情况，具有暴富心理的投资者就会不断地希望股票会有反弹的情况。倘若股票真的出现了他们渴望中的反弹情况，这些人还是不满足，依然希望股价弹得更高一些。这些人总是抱着一些不切实际的想法，最终的结果只能影响到他们对股市基本行情的判断和方向的把握。这样在股市中反反复复，该出手时不出手，只能落得追涨杀跌的地步，最终可能连本金也会受到严重损失。

2. 暴富心理会导致一个人情绪浮躁。

有些具有暴富心理的投资者，当手中持有大量股票时，开始害怕股票下跌，当他们手里没有股票时，就害怕会吃亏落空，他们每天心神不定、坐立不安、茶不思饭不想，变得情绪浮躁。这些人在购买股票后，整天就盼望着股价能够立马暴涨，如果股票的价格没有达到他们想要的结果，即使股价有一丝丝的回调，也会让他们焦虑不安，这类投资者可能会在无奈之际不知道该如何选择，只能逃之夭夭。如果长期下去，这种投资者就会在股市中做出草率的决策，这样的行为只会导致他们成为券商的奴隶，成天为券商们赚钱，那么他们自己不但没有盈利，反而连本金也会落空。

3. 暴富心理会让一个人滋生赌性。

抱有暴发户心理的投资者，在投资市场中很容易滋长赌性，这在股市中最主要的表现就是他们在股票大趋势或者个股不是很明确时，或是在一个企业的经营情况还没有改变之前，单单靠着自己对股市的猜测对股票做出买卖决定。这就意味着，他们已经

Easy-going

赌徒和投资大师的区别是，投资大师拥有很好的智慧及平和的心态，而赌徒总想着一夜暴富！

为以后的失败埋下了种子。可以说，每一个投资者如果总是抱着这种赌的心态去投资，将注定在股市中一败涂地。

通常，如果股价下跌，那么损失最大的人就是抱有赌博心态的投资者。因为，这种人如果在股市中获利后，常常会被暂时的胜利冲昏头脑，于是就加大投资筹码，而当股价下跌时，他们会因为持有大量股票而损失惨重。这种投资者在股市失利后，就会不顾一切，抱着鱼死网破的心态把全部资金投资在其他个股上，准备孤注一掷，希望能够通过翻盘而降低损失。但是，一旦股市不是朝他们想象的那种趋势发展，他们就会因市值减少，最终会忍痛割爱，造成原本的浮亏变成真正的巨大损失。

所以，巴菲特认为，作为一个真正的价值投资者，应该拒绝这种投机心理，不要抱着一夜暴富的心理去投资，否则可能会导致人财两空。

无须在意股价的短期涨跌

巴菲特的投资是以价值投资为主要导向的，他很注重股票的内在价值，而对股票市场中短期的涨跌变比毫不在意。在巴菲特的投资生涯中，他利用大部分时间和精力去寻找那些符合他投资原则、值得他去投资的优秀企业。

◎ 怎么判断一个企业的优秀与否

判断一个企业的优秀与否，也是巴菲特在其投资生涯中十分关注的。那么怎样去判断一个企业是否优秀呢？

第一，企业一定要具备长期发展的良好基础和潜在的能力。第二，企业一定要有为股东利益着想的管理层，这样的管理层一定要由具有很强责任感的人组成，并且拥有一定的公司股份，这样才可以调动公司管理层把企业做强做大的主动性和积极性。

Easy-going

巴菲特在投资股票时只关注两点：一是买什么，二是在什么时候买。

巴菲特在投资过程中，很少会因为股市中某一只股票在短期内大幅度上涨而大量购买，也不会因为手中持有的股票在短期内下跌就迅速地卖掉。巴菲特一旦购买了某一家上市公司的股票，那么，他对公司短期内股票的价格波动就不会很在意，而是选择长期地持有。同时，这家公司的长期成长会给巴菲特带来巨大的回报。

但是，像巴菲特这种一旦选择了一家公司的股票，就不在意股

判断一个企业优秀的标准

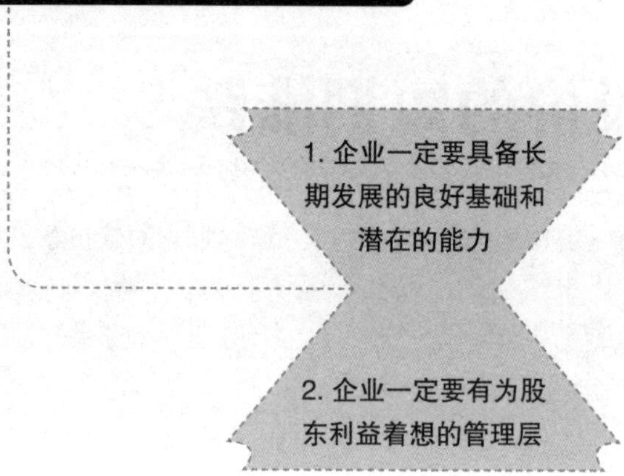

票短期波动的投资人，之所以如此淡定，主要原因是他买进了一家优质公司的股票。如果他选择了一家经营状况不佳的公司，而且依然是不在乎股价的短期波动，恐怕也是很难做到高枕无忧的，因为很有可能会受到巨大的损失。在投资市场中，只有那些具有持久竞争力的公司，才能以龙头老大的地位在市场中获得巨大的利润。它的竞争优势越大，所拥有的获利能力就越强，也正是因为这一点，才让巴菲特坚信这样的优质企业会克服各种困难，其股票的价格也会不断地上涨。

投资者需要注意的是，优秀公司的股票价格通常变化不大，所以，投资者不能仅仅看到优质公司，就完全不惜一切地去购买。如果投资者想要在市场中获利，就要以较低的价格买进优质股票，否则只能是白费力气，所以，投资者选择正确的购买时机是获得利润的关键。在股市中，任何一家上市公司的股票价格都是在不断变化的，即便是优秀的上市公司通常会很稳定，不容易出现低价的情况，也会有不少意外出现，有时会有让人大跌眼镜的低价出现，如果这时投资者能够大胆出手，就很容易获得很好的收益。

◎ 巴菲特的投资作风

在巴菲特的投资生涯中，长期持有并管理自己手中的股票，然后耐心等待公司的不断成长，是他一直以来的投资风格。巴菲特从来不会苛求自己的股票在一个星期或是一个月内获得巨大的利润。巴菲特在买进股票的时机上，遵循了他恩师的投资理念，就是当一个公司的股价比其内在价值低的时候大量地买入，然后长期持有。例如可口可乐、吉列（后被宝洁兼并）、迪斯尼和美国运通等这些赫赫有名的出色公司，巴菲特一直长期持有这些优秀公司的股票，这些优质公司后来也为他带来了丰厚的收益。虽然这些优质公司的股票在这几十年里变动起伏，但是巴菲特依然还是坚持持有这些公司的股票不动摇。他的这种投资行为在很多人看来非常不可思议，但是他做到了。这也是他在投资界获取成功的重要原因。

曾经有人问过巴菲特这样一个问题：“如果您死了，您会投资哪家公司呢？”股神幽默地说：“可口可乐的销量会在短期内暴涨，所以

巴菲特的投资作风

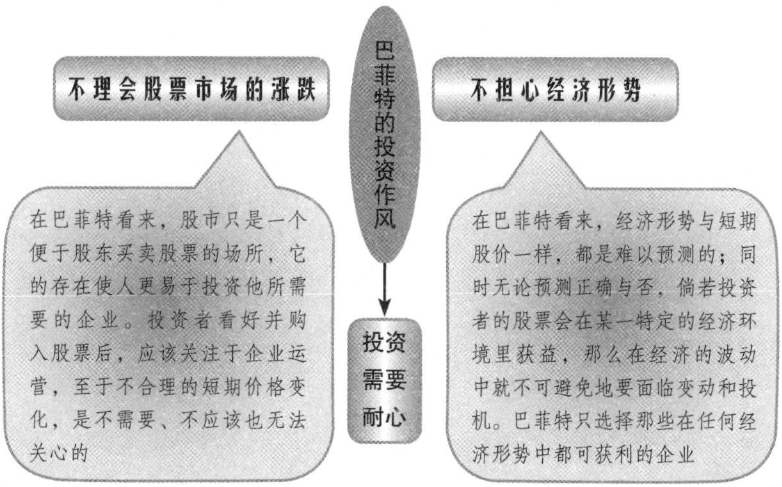

我会买很多的可口可乐陪我下葬。”由此可见，巴菲特对持有股票的态度，不是短期持有，而是长相厮守。

作为一个真正的价值投资者，并不是每时每刻都目不转睛地看着股价走势图，因为股票价格时时刻刻都在变动着，而每个人的精力是十分有限的，太过于关注股市的变化和短期的跌涨情况，会让投资者心神不定，更容易影响情绪，反而不能做到理性投资。

小故事

巴菲特的淡定

巴菲特的投资方法很独特，和别的投资大师的投资方法有很大的区别。在投资过程中，巴菲特很少关注新闻，他曾经在公共场合这样说道：“即便是美联储主席悄悄地告诉我未来两年的经济政策是什么，我也不会改变自己的投资策略。”可见，股神对新闻是多么地漠不关心。

如果你到位于美国奥马哈市的巴菲特总部的办公地点，你就会惊奇地发现他的办公室里居然没有一台股票行情机，更没有一台能查询信息的电脑，这不得不让人惊异于巴菲特的投资做法。

眼界要高：正确评估企业的价值

在投资市场中，一个企业的股票价格在短期之内，或许会和这个公司的内在价值相背离。但是就长期来说，一个上市公司的内在价值最终是会主导其股票价格的。所以，每一个投资者都应该正确评估一个企业现在和将来的价值。

◎ 企业内在价值和股价的关系

一个上市公司的内在价值和其股票价格现在的波动没有任何关系。也许垃圾股会和优质股一样，会在股市的某一天突然上涨几个百分点，但是经过长期的股价变动后，优质股就会逐渐凸显出其真正的投资价值，而垃圾股最终还是会慢慢暴露出其劣质特性。

Easy-going

正确评估一个企业的价值应根据企业的基本面和盈利情况，而不是股票的价格。

巴菲特曾经在伯克希尔公司用了很长的时间和精力，向公司股东们讲述了他在投资中追求企业内在价值的过程。巴菲特认为，上市公司的内在价值应该是投资者能从企业未来的经济运作中拿回的折扣现金价值，即每股的现金流量。随着外在利率的不断变化，一个企业未来的现金流量也应该随时去调整，因而一家公司的内在价值也会随之发生改变。

◎ 正确衡量企业业绩

巴菲特认为，投资者如果只是单纯地依据股票价格来衡量一家企业的优劣，则这种行为是不可取的。因为这些投资者对价格缺乏明智清晰的认识。如果市场上某一种股票的价格突然上涨了，他们就认为是好的兆头；如果股票价格突然下跌了，这些投资者就认为是利空消息，与此同时他们会采取相对应的措施，他们这种将自己的行动依附在市场股票价格的变化波动上的做法是一种非理性投资。

另外，通过短期的股票价格衡量企业业绩。巴菲特认为这同样是错误的，而且他们对企业业绩衡量很迅速也很频繁，如果投资者看到的不是自己满意的数字，就会立即换另一只股。这种双重式的愚蠢，即以股票价格为衡量依据，以及短期的炒作心态——表现在各个层面，在投资市场中是一种不理性、不健康的投资方式。有些投资者就是因为这种不健康的心态，每天都非常关注市场变动，而且常常打电话给证券代理商，进行买进卖出操作。也同样因为这样的原因，共同基金管理者们总

怎么评估企业价值

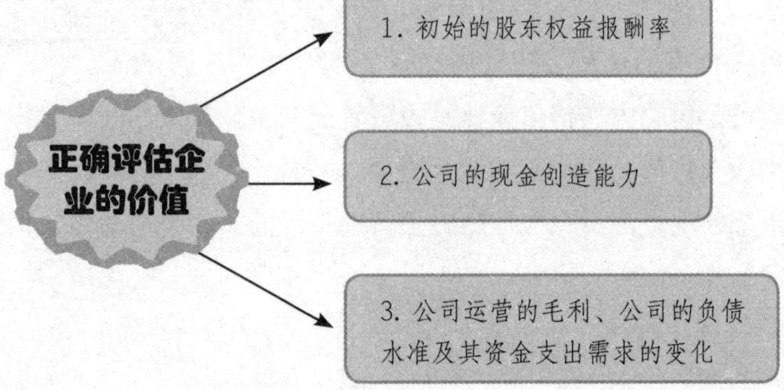

小故事

股神怎么并购斯科特·费泽公司

巴菲特并购斯科特·费泽公司时，当年，也就是1986年他购买这个公司时，其公司账面价值约1.8亿美元，而巴菲特当时以约为3.2亿美元并购，可以说是高出公司市值约一倍。1986年到1994年期间，斯科特·费泽公司盈余为5540万美元，而巴菲特获得的股票的利润却是6.34亿美元。巴菲特之所以可以获得这么高的利润，主要是因为这个公司具有很多的现金，而且这些多余的现金都反馈到了公司股东们的手里了。

是很快调整他们自己的证券投资组合，因为他们认为这种行为就是他们的本职工作。

◎ 正确判断企业价值

巴菲特认为，在投资市场中，就长期来说，企业股票的价格应该是随着企业内在价值的变化而变化。就短期来说，股票的价格会随着企业的实际价值而大幅度地上下波动，这些波动更多的是受到企业成长之外的因素影响。为何会出现这种现象，因为大多数的投资者在市场中依然在使用短期的价格变化，来预测他们的投资方法正确与否，但是，这些短期股票价格的变化，对预测企业的经济价值的变动是没有任何帮助的。

Easy-going

一个企业的账面结果，不会影响到投资者的经营和资金配置决策。对于一个真正的价值投资者来说，股价的短期波动，对你评断公司的价值没有任何益处，反而会给你带去很多的干扰。

巴菲特认为投资者用短期价格去判断一个企业的成功与否，是非常愚蠢的想法，而判断一家企业的正确方法是以公司的经济模式衡量其所拥有的价值。

More

股东权益报酬率

巴菲特说过："对公司经营管理业绩的最佳衡量标准，是取得较高的营业权益资本收益率（没有不合理的财务杠杆、会计操纵），而不是每股收益的增加。我们认为，如果管理层和金融分析师们将最关注的焦点不是放在每股收益及其年度变化上的话，公司股东以及社会公众就能更好地理解公司的经营情况。"

公司股东的权益报酬率更能反映公司管理层的经营效率，当报酬率高时，表明公司股东的权益获得增长，相应地这家公司的内在价值和股票价格也会保持相对稳定的增长势头。

不要当算命先生——预测市场的走势

在投资市场中，巴菲特只相信自己对一个企业价值的判断，从不像算命先生一样去预测投资市场，更不会相信其他人对股市的预测结果。

◎ 不要痴迷于股市走势的预测

在巴菲特的投资生涯中，他始终坚信没有任何人能够预测股市。面对市场，要做出理性投资，不能做一个算命先生去预测市场。例如，2002年，在投资中石油时，所罗门对中石油的持有股票评估为卖出，但是巴菲特没有受到他们的影响，结果，他胜利了。

巴菲特认为，投资者在股市中应该集中精力去关注自己所投资的，或是想要投资的企业的基本面，而不是研究预测市场这些徒劳的事情，因为除了上帝之外，还没有任何人可以预测未来。

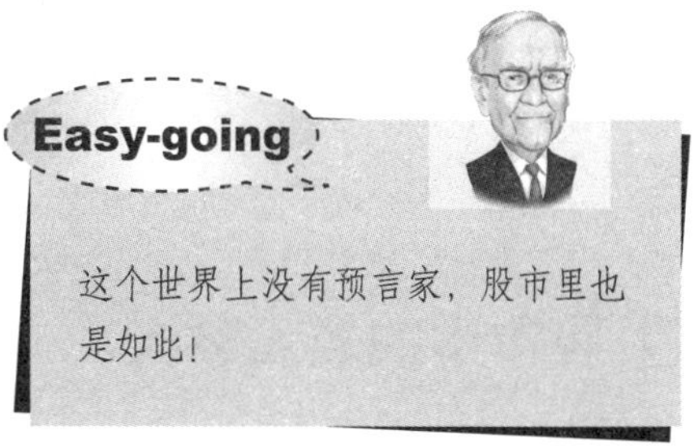

巴菲特说过："在投资中，我们把自己看成是公司的分析师，而不是市场分析师，也不是市场的宏观经济分析师，更不是证券分析师。"他还说："芒格和我从来都不关心股市的走势，因为这没有任何必要，如果关心股市走势，或许会影响到我们做出正确的选择。最终，我们的经济命运将取决于我们所拥有的公司的经济命运。" 对于很多投资者来说，他们总是痴狂于对市场走势的预测，经济学家凯恩斯说过："投资者不要试图去估计股市的走势，而是应

股神对你的忠告

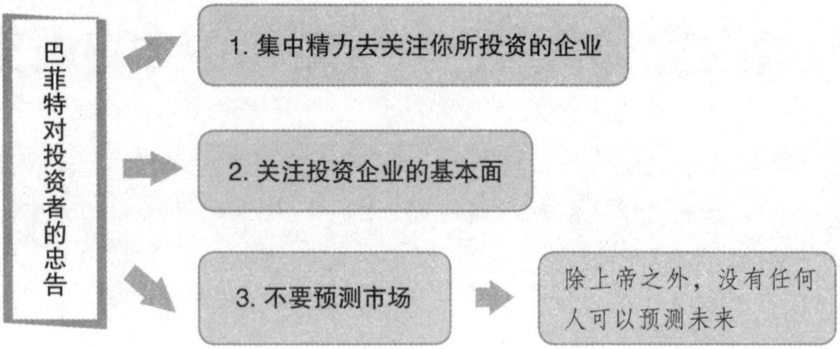

该集中精力去了解你所熟悉的企业。”

我们有时会看到电视上、报纸上，常常有股评家在不去了解的情况下就能说出股价的走势。对于这样的现象，巴菲特建议，投资者一定不要去相信那些不了解企业就能说出股价走势的股评家的话，既然这些所谓的股评家知道明天什么样的股票会涨，什么样的股票会跌，那么，他们就没有任何必要去向广大股民们推荐股票了，这是个不言而喻的道理。股票市场中，可以说是危机重重，只有在大股市上一路股价狂升的时候，人人才都能成为股神，而此时，凡是能够抓住机遇，买股票的人都可以赚到钱。

◎ 股市中的最大敌人

在投资股票的市场中，始终会存在买家和卖家，然而，这二者也都是相互对立的，但是，不管股票市场中有多少人的看法是对立的，投资者最大的敌人还是自己。就像巴菲特的恩师说过这样一句话：“股市上，最大的敌人不是股市，而是你自己。如果在股市中无法控制自己的情绪，即使你有再强的分析力，也很难获胜。”的确，股市中的投资者一旦情绪失控就有可能会损失惨重。有时，投资者常常是因为太过贪婪，以至于抱着投机的心态而导致损失。同时，也会有一些投资者太过保守和恐慌而错失最好的投资机会。

在股票市场中，没有人会强迫你买什么样的股票，也不会有人会强迫你一直看多或是看空，一切都是取决于你自己。但是也会有不少投资者在股市中，在大市场很看好时，就偏要卖出，在大市场看得很淡时，就非要买进，像这些投资者受到的损失，应该归咎于自己，没必要去埋怨他人、抱怨市场。

在股市中，投资失败是很正常的，而导致我们失败的敌人究竟是谁呢？也许我们身边会有很多的敌人，但是其中最大的敌人是我们自己。每一个投资者与其每天去分析与其对立的投资人的想法、他们的资金流向和投资技巧，去预测股市，还不如集中精力来分析自己所投资的企业。每一个投资者都应该认真地去分析自己为何会遭受那么巨大的损失，为何一次次错过投资的良机，为何那么轻信别人，为何会买进一些

股市中的敌人

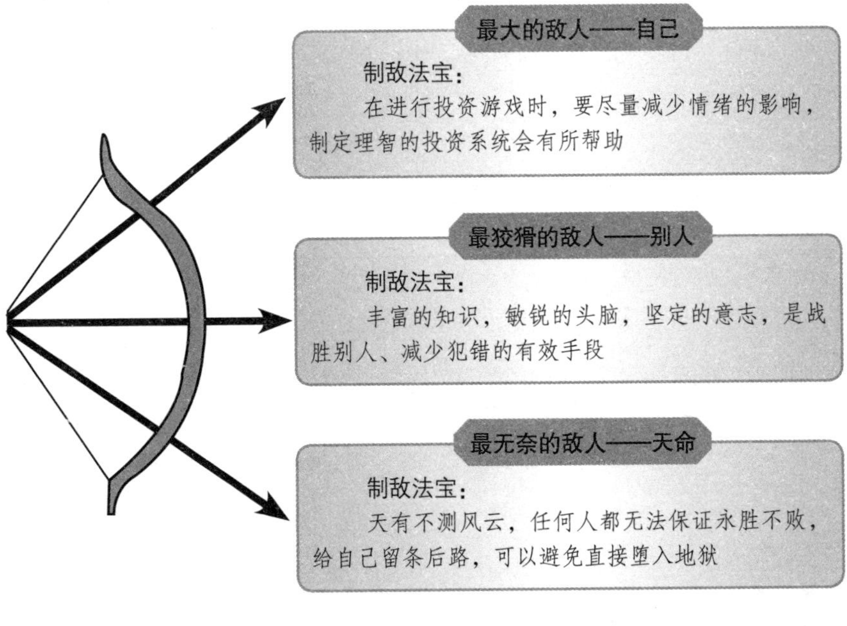

垃圾股票等很多实际性问题，而不是整天像算命先生一样，消耗时间和精力去预测市场，这样，你才能在股市中获得成功。

More

杜绝小道消息

一些投资者常常会被一些小道消息影响，有的人一旦听说股市中某股票行情很好，就盲目地跑到股市大量买进这只股票。结果最后才知道这些消息都是假的，以致自己遭受到不小的损失。但是，仔细想想这些过错究竟是谁的呢？其实是投资者自己的过错，不能埋怨别人，只能说明自己很不理性，很轻易地相信了别人的话。还有些人经过研究分析之后，认为股市在某段时间内会大涨或是大跌，如果相信自己的分析结果会去股市买进或是卖出，那么，他可能会获得很多财富，如果他不相信自己的分析结果，则可能会导致他又一次错过赚大钱的机会。

成功就是犯错少

成功的投资者是将自己学到的知识灵活地运用到投资股票中。投资市场中，有的人学识渊博，但是却在市场中常常犯错，如世界上有很多具有专长知识的经济学家、金融学家，即便他们拥有很多股市的知识，但是却在投资市场中常常犯错，以至于没有成功，其原因就是他们对股市知识的综合判断力的缺乏。巴菲特在投资市场中拥有很强的综合判断力，这使得他在股市中避免了很多过错和损失，最终，他的每只股票都为他创造了丰厚的效益。

◎ 向巴菲特“取经”

巴菲特的成功和他对股市的强烈的综合判断力是分不开的，他自身具备的判断力让其有效地避免了很多亏损，投资者应该学习他那丰富的经验来提高自己的综合判断力，以防止本金严重亏损。他的经验有以下几种：

Easy-going

借鉴股神巴菲特的经验，再运用自己的投资策略，你一定会在股市中获得很高的利润。

1. 顺势而上。

当股市存在着良好的走势时，适合做多头交易，当股市不好时，应该做空头交易。此外，投资者在股市顺势投资中应该注重一点：时刻都要观察股票的价格是否上涨到了顶峰或下跌到了低谷，如果发现股票已经到达了这个顶点，就应该选择与“顺势”相反的做法，这样就会让投资者获得先见之“利”。投资者在采用顺势投资法时还应该注意两条：一是是否真涨或真跌，二是股价是否已经达到了转折点。

2. 多头降低成本，保全实力。

巴菲特的这种经验就是告诉投资者在股价上涨时，先卖出手中持有的股票，等到股价有一些下降时再买回来的一种巧妙的投资技巧。这种投资法被人们称作“拔档子”，也被称作“回补投资法”，这种方法的好处是能在短期内赚得差价，有利于投资者积累资金。

3. 保本投资。

这种投资主要用在经济下滑、通货膨胀、投资行情不清晰的时候。保本就是投资者不愿意损失的最后可以得到的利益，其中的“本”比投

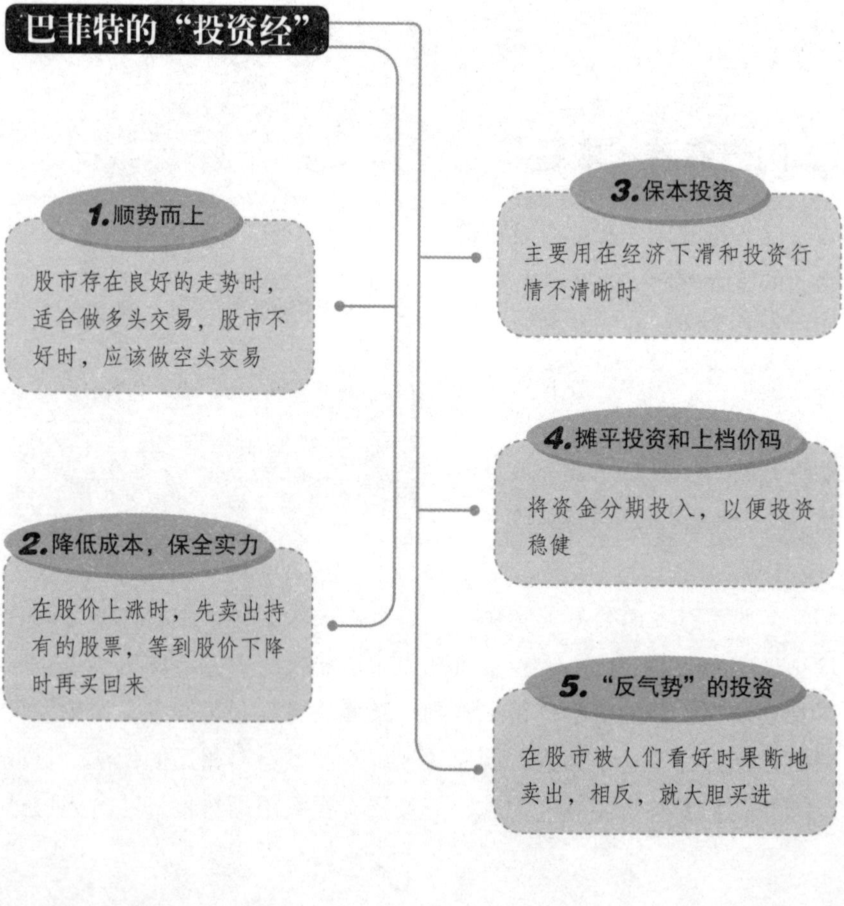

资者的预期报酬要低，但最重要的是不会损害到本金。

4. 摊平投资和上档价码

摊平投资就是投资者在买进某一只股票后，发现这只股票持续下跌，那么，等到该股票降到一定的程度时，再买进一些，这样投资者的总平均购买股票的价格就会比首次买股的价格低。上档加码指的是投资者在买进股票后，股价不断上涨，投资者可以再买进一些，以使得股数增加，从而增加利润。

上档加码和平摊投资的共同特点是：将资金分期投入而不是一次性投入，以便投资稳健。

5. “反气势”的投资

在股市中，投资者如果发现股市大势环境没有被特殊事件影响，则可以采用“反气势”的投资法，也就是说，投资者在股市被人们看好时果断地卖出，相反，就大胆买进，并且要越涨越卖，越跌越买。

投资者在运用“反气势”方法时一定要结合一些实际的基本情况，当股市下跌，且刚开始放量就高涨时，只能跟随着股市走，而股市长期高涨，开始放量就下跌时，你只能杀跌。否则，投资者用这种方法不仅不会获利，反而会亏损。

由于投资市场没有稳定性，你不进股市就不能赚到钱，而一旦入了股市就有可能会赔钱，在股市中，亏钱割肉停损是一件很痛苦的事，这种情况就像我国的一句老话：“不会割肉的股民，就不是成熟的股民。”通常，只要投资者亏损10% ~15%就要停损出局，再去寻找别的机会。

◎ 投资者亏损本金的几个原因

第一，停损不及时。

大多数人都知道在股市中，应该“高抛低吸”和“滚动操作”才能获得很高的利润，这一点是很多人都认可的，而且他们也愿意这样做。

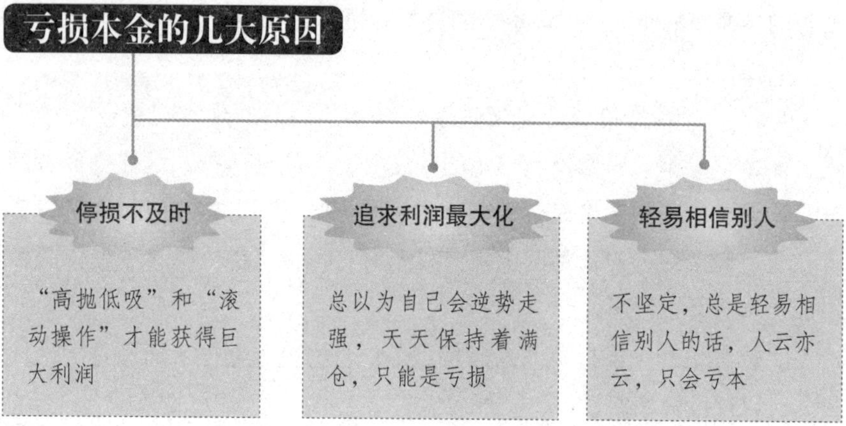

但是，有时股票在长时间内都没有滚动起来，就是因为投资者把股票卖掉后，没有耐心等待，就经不起诱惑又想去抓，结果是适得其反。

第二，总想追求利润最大化。

很多投资者都是满仓，在股市出现明显的波动后，就会抱着投机侥幸的心理，总以为自己会逆势走强，天天保持着满仓。也许有些投资者本来想着要提高资金利用率，但常常是一买进就套，然后是不停损，最终是被深度套牢了。这是因为投资者总想着追求利润最大化，但是结果却是损失惨重。

第三，轻易相信别人。

很多投资者通过学习吸收了很多股票知识，也掌握了很多分析股票的方法和技巧，但是在股市中，当自己正在精心分析某一只要投入的股票时，一旦听到别的人说这只股票怎么不好，就会快速放弃买入的想法。甚至有些投资者还会看其他人买进什么，自己也人云亦云地跟着买进，这样在大多数情况下，只会亏本。

现在，投资者只要领悟到股神巴菲特的投资经验，就能很好地避免本金亏损的状况，在投资市场中获得很高的利润。

More

巴菲特的投资心法

巴菲特说过："投资对于我来说，既是一种运动，也是一种娱乐，我喜欢通过寻找好的猎物去捕获稀有的快速移动的大象。"所有人都想知道，究竟是什么样的心法，让巴菲特能够稳居"股神"的宝座。

巴菲特最为经典的一句话就是：投资的第一法则，就是不要赔钱；第二法则就是不要忘记第一法则。就像始终愿意居住在30多年前购买的房子里一样，巴菲特的投资心法和他的生活一样，简单专注。

美国著名的经济学者彼得·林奇，曾在他的著作《胜券在握》中写道：巴菲特强调成功投资的重要因素，取决于企业的实质价值和一个合理划算的交易价格。他不在意最近或未来股市将会如何运作。巴菲特也曾告诫过所有的投资人："你要在别人恐惧时展现贪婪，在别人展现贪婪时，你要恐惧。"可见，足够的耐心、敏锐的眼光、不轻易迷失，是巴菲特投资心法中的重要内容。

第7章

巴菲特成功投资的经典案例

本章教你：

- 巴菲特怎么“冒险”投资GEICO公司
- 巴菲特投资吉列的理由
- 巴菲特为何投资《华盛顿邮报》
- 巴菲特卖出中石油的原因

巴菲特获得了让世人惊叹的投资成就，奥妙就在于他并没有运用一些高端技术，仅仅是运用了投资市场中的信息、常识和每个投资者都知道的投资技巧，以及自己对企业基本层面的理性判断和超出想象的坚持。本章将为你深入分析巴菲特投资生涯中几大经典的案例，并告诉你怎样将巴菲特的投资经验运用到自己的投资过程中。

伯克希尔的盈利保障——GEICO

GEICO 是美国政府雇员保险公司的简称，也是巴菲特投资生涯中成功投资的经典范例之一。巴菲特从 21 岁开始，就持有了 GEICO 公司的股票，并在 1996 年全部收购了此公司。而 GEICO 公司也成为伯克希尔公司里最重要及盈利能力最强的公司之一。

◎ GEICO的成长和巴菲特的投资历程

GEICO公司在1936年创立，经过不断地发展，成长为美国第六大汽车保险商，公司的主要服务对象是政府雇员、军人等成熟、稳重、慎重的客户。GEICO公司主要是以直销方式经营，提供每周7天，每天24小时的客户热线服务。公司的每一位客户平均每年会支付1200美元的保费，而GEICO公司拥有450多万个保单持有人，接收660多万辆私家车的承保业务。

Easy-going

巴菲特说过：“头脑中的东西在没有整理之前都叫‘垃圾’！”可见股神巴菲特在投资过程中，是很讲究理性思维的。

GEICO公司从创建以来，发展过程并不是那么顺利，公司虽在20世纪60年代迅速发展，但是到了70年代，因为过度扩张及保险索赔率大幅度上升等因素，造成严重亏损。1975年，公司亏损额高达1.3亿美元，几乎面临破产，而1976年，公司的股票竟然从原来的每股61美元下跌到每股2美元，让人大跌眼镜。此时，“贵人”降临了。

1976年，巴菲特拜访了公司的高层管理人员后，发现即使公司面

GEICO公司的成长历程

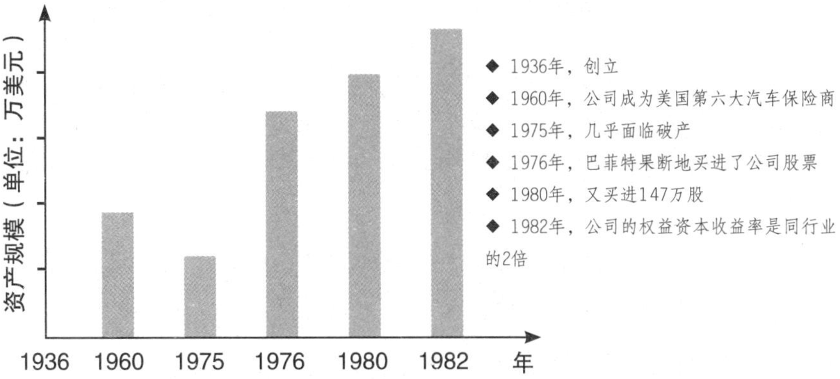

临破产，也依然存在着很大的竞争优势。因为公司提供的低成本、无代理商的保险经济特许权仍然是完好的。于是，巴菲特就果断地以410万美元买进了公司的130万股，这相当于每股3.2美元。之后，GEICO公司又发行了7600万美元的可转换优先股，此时，巴菲特又以1900多万美元购买了近197万股，相当于股票发行总量的25%。由于公司新总裁由杰克·伯恩接任，公司盈利能力快速增长，并出现扭亏为盈的情况。所以，1980年巴菲特又以1890万美元买进公司的147万股。到1982年，公司的权益资本收益率平均是21.2%，是同行业平均水平的2倍，这就像巴菲特当初投资GEICO公司所预测的那样："它一定会再一次成为人们的焦点。"

◎ 巴菲特选择GEICO公司的理由

1. 业务——简单易懂。

保险业一直都是巴菲特非常关注的投资对象之一，他说过："这是不存在存货、劳动力和原材料问题，产品也不会过时的业务。"而GEICO是一种以直销的方式，把汽车保险单直接通过邮寄的方式给那些成熟稳

小故事

GEICO公司何时起不再上市

1975年，巴菲特用近4600万美元在GEICO公司的投资，赚得23亿美元，20年里，他的投资增长了50倍。1966年初，巴菲特经管的伯克希尔公司又以23亿美元购买了GEICO公司余下50%的股份，从而将GEICO公司变成了自己的私有公司，不再上市。GEICO公司是伯克希尔公司的核心组成部分，它巨大的保险费用为伯克希尔公司提供了大量的资金来源，成为伯克希尔公司最核心、最重要及盈利能力最强的公司之一。

重的驾驶者，这种方式在很大程度上节省了与保险代理商有关的费用。而当时美国多数保险公司主要以代理商去销售，而代理费用常常占据保险费用的10%～25%。

虽然GEICO公司从事的是汽车保险业，使其不容易出现差异化的竞争优势，但是股神巴菲特认为，一个企业只要有持续和广泛的成本优势，就可以赚到钱。

2.经济特许权。

一直以来，GEICO公司在同行业中创立了很好的信誉，赢得了很多的忠实客户。公司主要的客户是那些成熟稳重的、安全驾驶的客户，这些客户通过公司的信件去买进保险，然后就能享受到公司低成本和高质量的服务品质，这样投保率就会很高。当时，美国其他保险公司因为不想放弃已有的分销模式，而导致原有的市场份额减少。而GEICO公司的独特直销方式就形成了差异化的竞争优势，同时公司通过规模的扩大又逐步形成了更大的成本优势，这就使得该公司成为一个经济特许权企业，这是巴菲特选择投资的一大原因。

巴菲特认为，在竞争十分激烈、产品相当的保险公司行业，这样

大师对GEICO公司的分析

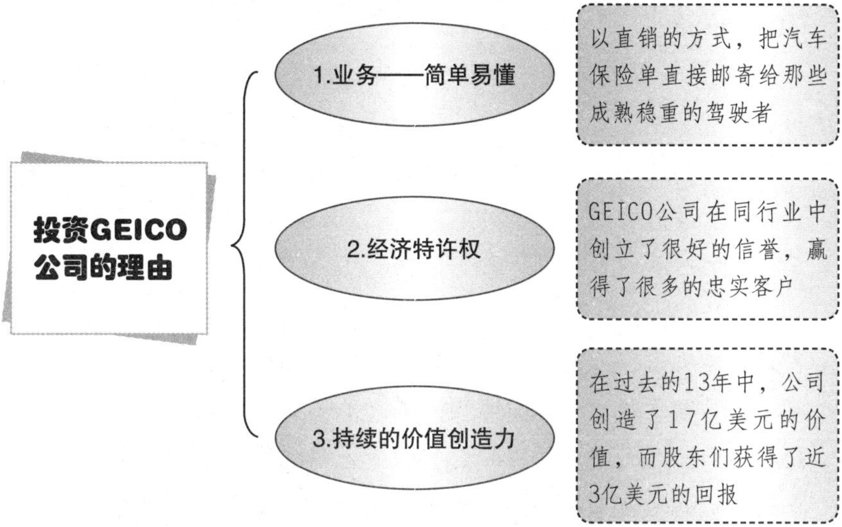

的经济特许权稀少而又珍贵，这也是GEICO公司立于不败之地的根本所在。

3.持续的价值创造力 。

在如此巨大的汽车保险市场中，很多公司的经营模式都因销售渠道而受到限制，而GEICO公司却一直是一个低运营成本的公司，该公司根据自身的定位，不仅为客户带去了非凡的价值，也为自己赢得了丰厚的报酬。公司一直以来都是遵循着这样的运营模式，即便是20世纪70年代出现财务危机，也没有影响到其最重要的产业竞争优势。

1983—1992年，GEICO公司的平均税前经营利润率在同行业中是非常稳定的。而在1980—1992年这13年中，GEICO公司创造了17亿美元的价值，公司的股东们获得了近3亿美元的收益。在此期间，公司股票从近3亿美元上涨到46亿美元，可见，GEICO公司具有超高的价值创造能力。

投资实战

GEICO简介

GEICO既是政府员工保险公司，也是美国第六大汽车保险公司，拥有保险客户约600万人，同时是美国最大的直销保险公司，是沃伦·巴菲特投资的公司。巴菲特曾经这样感叹：“GEICO是我投资生涯的初恋。”事实上，他与GEICO的“恋爱史”已经56年了，却依然不离不弃，比爱情小说还要具有传奇性。

GEICO的创建人是利奥·古德温和他的妻子。起初，他们夫妻俩每天要工作12小时以上，可是每月却只有250美元的收入。到了晚上，他们在饭桌上制定投保人的名单，周末便开车到军事基地给年轻政府职员送低价保单。他们通过削减大部分销售成本、降低认购风险的经营模式，避免了代理商和代理费用，使汽车保险卖得更便宜。这样使GEICO的保单成本比竞争对手少30%~40%，在竞争中取得了优势。

在夫妻二人的努力工作下，公司在早期获得了长足的发展，并慢慢地开始壮大。但是公司的创办人古德温却只持有GEICO 25%的股份，而55%的股份掌握在最大的出资人福特沃斯的银行家克里夫斯·利亚手中。还有20%的股份掌握在克里夫斯·利亚的一位已故亲戚A. D. 利亚手中。到了1948年，格雷厄姆从利亚家族手中接手他们的GEICO股份，开始参与管理工作。

理论背景

巴菲特投资GEICO公司的决策时依据三大原则：第一，安全边际原则。1980年，巴菲特发现GEICO公司的股票价格都没有达到公司内在价值的50%。第二，集中投资原则。1980年底，巴菲特所持有的GEICO公司的股票市值占到资产数额的20%。第三，长期持有原则。巴菲特一直以来持有GEICO公司的股票，1966年就将其转为伯克希尔的核心公司之一。

投资进行

从20世纪初开始，美国的汽车市场就一直在不断地发展着。GEICO的核心目标——为美国人节省花在购买汽车保险上的钱——一直没有改变。

公司现任CEO托尼·莱斯利（Tony Nicely）1993年上任时所占市场份额为2%，但在托尼的带领下，GEICO发生了翻天覆地的变化。1996年，伯克希尔公司以23亿美元的价格购买了GEICO公司50%的股票，这笔投资随后变成了46亿美元，收益率达到了100%！而当时GEICO的有形资产净值也达到了19亿美元，还隐含了27亿美元的无形价值。1995年，公司客户共支付了28亿美元的投保金，而这其中有97%可作为公司的收入。如果按照行业标准，这个数字比较高，但是对于GEICO来说是完全可以实现的，因为公司的运营成本较低，持续盈利能力强，顾客忠诚度也很高。

今天，虽然公司的保费收入是143亿美元，但我们给出的信誉值却只有14亿美元，这个数值是不会因为GEICO营收的变化而变化的。此外，在托尼的带领下，GEICO公司已成为全美最大的个人保险机构，2010年公司一共卖出769898份个人保险合同，较上年增长了34%。

投资经验

在谈及制造业、服务业和零售业的投资运作时，巴菲特首先解释了某些投资回报不佳的原因。

“我对一些行业的竞争强度和未来走向出现了误判。我试图本着十年、二十年的长期持有来进行收购，但有时候也难免老眼昏花。”

巴菲特列举了4家创下各自行业销售纪录的公司，它们分别是电子元器件分销商（TTI）、房车及船舶制造商森林河公司（Forest River）、农业设备公司（CTB）和鞋业公司（H.H.Brown）。

此外，巴菲特还着重提及了一家同比进步最快的企业——Net Jets公司，该公司2010年的市场占有率是排名第二位公司的5倍。事实上，自从1998年收购该公司以来，Net Jets一直处于亏损状态，但大卫·索科尔（Dave Sokol）对其管理层进行了重组，并对公司的采购和支出作了合理规划，自此以后，Net Jets才走上了腾飞之路。

巴菲特又回顾了几家在制造业、服务业和零售业总榜上最赚钱的公司，它们分别是马蒙控股集团（Marmon）、伊斯卡公司（Iscar）和麦克林公司（McLane）。

在列举完利好消息之后，巴菲特介绍了伯克希尔在家具建材方面遇到的困境，并列举了4家公司。但他认为：房市将很快地开始复苏，可能是在某一时间点上进行突破。这些公司是在实力强劲之时遭遇经济衰退的，等到衰退结束后它们会变得更加强大。伯克希尔的投资期是永无止境的。

男士们的专利——吉列

在巴菲特的投资生涯中，他首次投资可口可乐公司高达 10 多亿美元，仅仅这一只股票就让获利近 90 亿美元。可以说，可口可乐公司是巴菲特投资生涯中最辉煌的成就，而投资吉列公司是巴菲特的又一个投资神话！

◎ 吉列公司和巴菲特的投资

吉列公司（Gillette）于1901年成立，其总部设于美国波士顿，公司主要生产剃须产品、电池和口腔清洁卫生产品。只要提到吉列，人们就会立马想到世界上最棒的产品——吉列剃须刀。吉列有“掌握全球男人的胡子”的称号。2005年，吉列在《商业周刊》的世界名牌100强中排在第15位。

吉列公司由神话般的人物金克·吉列（King C. Gillette）创建。金克·吉列在19世纪90年代发明了一次性剃须刀片，在1901年成立了名叫“安全刀片”的公司（这是吉列公司的前身）。当时吉列刀片是士兵们的必用军需品，可以说，吉列的成功是由第一次世界大战促成的。

Easy-going

“一战”时期，刮胡刀片成了士兵们的军需品。到了 1917 年，吉列刀片创下了 1.2 亿片的市场销量。市场占有率高达 80%。

20世纪50年代，公司改名为吉列公司，当时，吉列也成为美国剃须刀的第一品牌。从此，吉列在市场上独占鳌头，直到今天，依然没

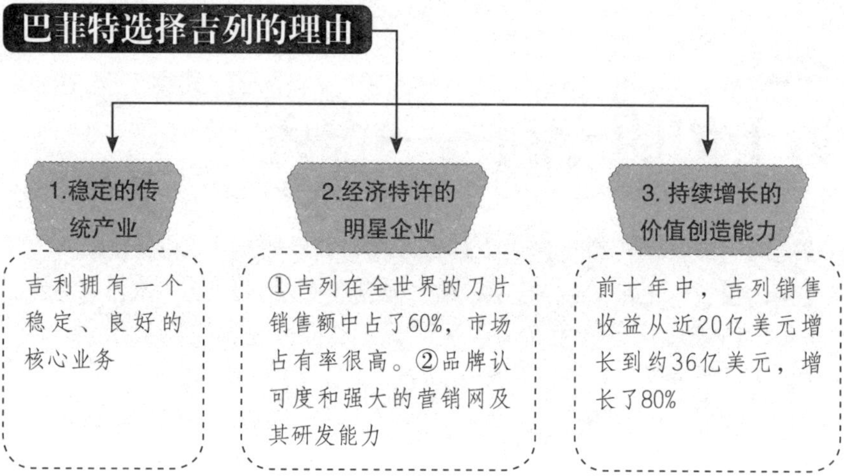

有任何一家公司像吉列一样在此行业经久不衰。20世纪80年代，吉列不断推出新产品，如刮胡泡沫和百灵电动剃须刀等，不仅击败了同行的竞争者，还收购了其他消费品企业。优秀的产品和独特的行销方式，使得它的市场占有率和盈利能力不断地提升，成为同行业的龙头老大。

1989年，巴菲特旗下的伯克希尔公司以6亿美元买进了吉列公司的9600万股。之后的10多年中，巴菲特一直持有这只股票，即便到了20世纪90年代末期，吉列股票大跌时，股神巴菲特也未曾放弃。

◎ 巴菲特选择吉列的理由

1. 稳定的传统产业。

巴菲特当年选择投资吉列公司时，其中最主要的原因是吉利拥有一个稳定、良好的核心业务。巴菲特说过："吉列这家公司的业务就是我们所喜爱的类型，查理和我都很熟悉这个产业的状况，因此我们相信可以对这家公司的未来进行合理的预测。"

2. 经济特许的明星企业。

巴菲特投资吉列，是因为吉列是一个拥有经济特许权的明星企业。世界上每天都有人在使用剃须刀，其中男士们使用的剃须刀有30%左右是吉列的产品，而吉列在全世界的刀片销售额中占了60%。这样的产品市场占有率是其他同类产品无法相比的。此外，吉列的品牌认可度和强大的营销网及其研发能力更是无人能及。

多年来吉列公司一直是全世界公认的著名剃须产品品牌，它的价值也随着全球经济一体化的快速发展而提高，全球市场销量也在不断地上升。

3. 持续增长的价值创造能力。

巴菲特在投资吉列的前十年中（1979—1988），吉列公司的销售收益从近20亿美元逐渐增长到约36亿美元，增长了80%，年均增长率是7%，净收益增长了142%，年均增长了10%。特别是后三年（1986—1988）增长速度非常快，其主要因素是源自全球化经济带来的国际市场增长。

◎ 巴菲特对吉列投资运用的策略

1990年，吉列公司的股东收益约为2.8亿美元，1987—1990年，股东收益以16%的速度增长。即便不能以这短暂时期内的历史数据去判断公司的长期增长趋势，但是巴菲特认为吉列公司和可口可乐公司相同，是一个具有很强的经济特许权的企业。因此，他运用了如下投资策略。

1. 安全边际原则。

如果我们将吉列公司的市值和其内在价值作一个比较，就能够发现巴菲特将吉列公司的可转换优先股转换成普通股是具有很大的安全边际的。

我们可以做个假设，如果在1990年之后的十年内吉列公司的销售收

吉列具有的优势

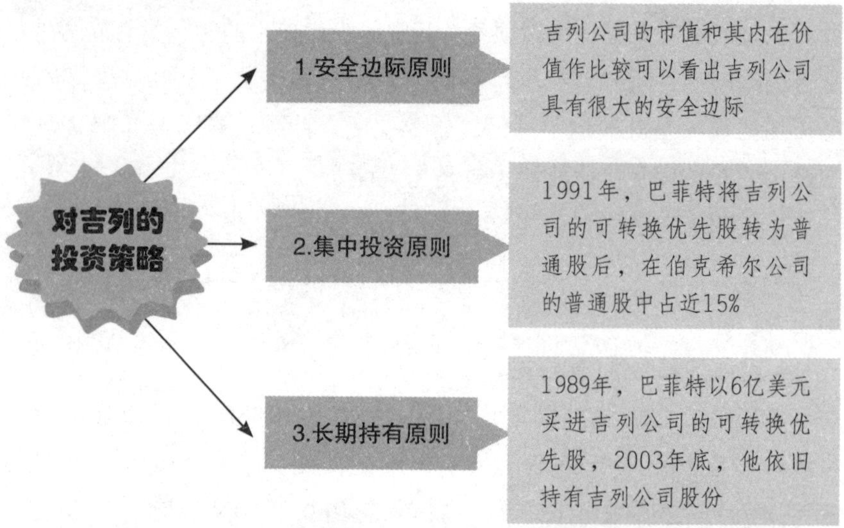

益以15%的速度增长，那么，吉列公司的内在价值大概是160亿美元，这和公司股票的市值80多亿美元相比，巴菲特买进的安全边际是50%。如果我们将吉列公司1990年以后十年的增长率下调到12%，公司的内在价值约是108亿，这和吉列公司市值80多亿美元相比，巴菲特买进的安全边际是20%。假如我们再将1990年之后十年的增长率下调到7%，吉列公司的内在价值约为85亿美元，这和吉列公司股票市值80多亿美元相比，那么，巴菲特买进的安全边际是6%。

2.集中投资原则。

1991年，巴菲特将吉列公司的可转换优先股转为普通股后，其股票在伯克希尔公司的普通股中占近15%，位居第三。

3.长期持有原则。

1989年，巴菲特以6亿美元买进吉列公司的可转换优先股，之后都转换成普通股，到了2003年底，巴菲特持有的吉列公司股份没有任何改变，只是分拆为9600万股。

◎ 巴菲特说吉列

“在现代人类生活中，一切都在发生变化，剃须同样也可以成为一种享受。”巴菲特在没有接触吉列的时候就曾经这样感慨过，后来他接触到吉列的股票后，曾经为吉列公司自愿做过这么一句“广告”：“如果你还没有试过吉列新推出的感应刀片，赶紧去买一个来试试！”从这两段话来看，首先巴菲特对吉列产品是非常熟悉的，其次巴菲特对这家股票的信心来自对这个产品的信心。

在购买完吉列的股票后，巴菲特兴奋得睡不着，他对身边的人说：“每当我在晚上入睡之前，想到明天早晨全世界会有25亿男人不得不剃须的时候，我的心头就一阵狂喜。”相信自己投资股票的市场，并且认为正因为有广阔的市场存在，所投资的项目必然有很大的

吉列的发展历程

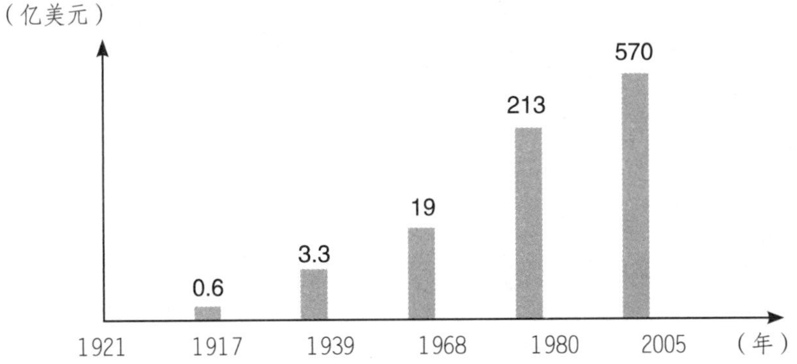

1917　1.2亿片销量的市场，市场占有率80%，有44家海外分公司。

1939　获得世界棒球联赛的独家赞助权，成功走向世界。

1968　连续第四次破纪录，销售额达到2.76亿美元，净利润为4500万美元，利润率达16.4%。

1980　受到全世界销售市场的影响，吉列两次出现明显的低迷。

2005　宝洁正式收购吉列公司，交易金额570亿美元，作为吉列公司子公司的南孚电池被正式并入宝洁。

发展，那么这笔投资确定可以带来财富。巴菲特在股东大会上这样说服其他投资者："世界上每年剃须刀片消费量为200亿~210亿片。其中30%是吉列生产的，但按市场份额计算，吉列在全球刀片销售额中占了60%。"通过数据分析产品可能带来的利润——这部分利润是股票利润的根本来源。

"可口可乐与吉列公司可以说是当今世上最好的两家公司，我们预期在未来几年它们的获利还会以惊人的速度增长"。这是巴菲特对自己投资吉列之后的憧憬。

最终，巴菲特所持有的吉列优先股每股每年可以获得4.375美元的股利收益（50美元按8.75%得到的股利）。而吉列普通股的持有者每年只能获得96美分的股利收益。因此，巴菲特同意按每股优先股多付8.375美元的转换溢价，但是他却可以在持有期间每年每股多得3.415美元的股利。这样，在两年半内，巴菲特收到的额外股利收益就可以补偿他同意多支付的转换溢价。

报业神话——《华盛顿邮报》

在巴菲特的投资生涯中，他投资的《华盛顿邮报》，给他带来了超过 50% 的回报率，这使得巴菲特的投资又一次名声大噪。同时，这也是巴菲特坚持长期投资普通股获得的第一桶金。

◎ 《华盛顿邮报》的成长

《华盛顿邮报》是美国华盛顿最古老、发行量最大的报纸，公司的股票在1971年上市，发行的股票分别是A股和B股两种。持有公司A股的股东有权选举公司董事会主要成员。公司还发行了135多万股B股，持有B股的股东只能选举公司董事会的次要成员。

《华盛顿邮报》在20世纪70年代初期刊登报道并跟踪了“水门事件”，报道的结果导致了美国总统尼克松辞职，邮报也因此名声大噪。因为《华盛顿邮报》在美国首都，又常常报道美国内政的动态，所以被人们认为是继《纽约时报》后最有名望的报纸。

Easy-going

巴菲特的价值投资就像红海战略，他所关注投资的企业，几乎都是易懂易把握的成熟产业，他对《华盛顿邮报》的投资就是一个很好的见证。

1971年，“水门事件”的报道让《华盛顿邮报》获得了崇高的社会声誉，也确立了它在同行业中龙头老大的地位。1988年，该报又大胆并首先报道了美国总统克林顿与一个女人的性丑闻事件。很多年来，《华盛顿邮报》一直都在和另一家报业——《星报》竞争，但是《华盛顿邮

《华盛顿邮报》的成长历程

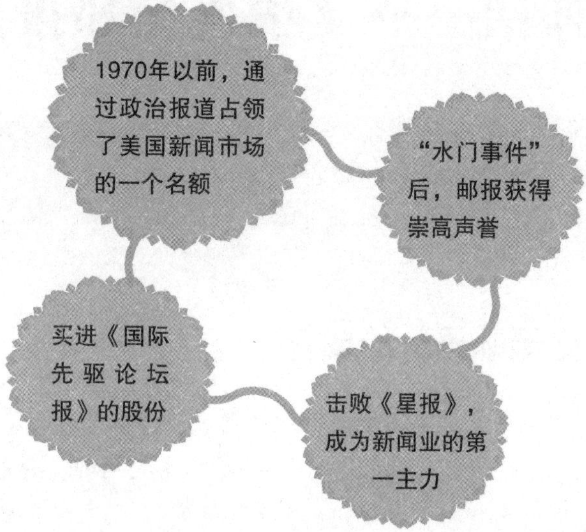

报》最终击败了《星报》，导致《星报》于1981年停刊。这一时期《华盛顿邮报》成为美国首都领袖级的报纸。现在，《华盛顿邮报》每天的发行量近79万份。近年来，它也在盈利和股票市值上远远超过了其强大的竞争对手《纽约时报》。

1973 年，股神巴菲特用1000多万美元买进了《华盛顿邮报》的股票，这只股票也是巴菲特持有时间最长的一只。当时的《华盛顿邮报》公司主要业务收入包括：50%以上来自《华盛顿邮报》，25%来自《新闻周刊》杂志，剩下25%来自三家电视台和一家广播电台。此外，《华盛顿邮报》还持有《国际先驱论坛报》一半的股份。现在，《华盛顿邮报》旗下的《新闻周刊》可以和《时代周刊》相提并论，成为全世界最具影响力的杂志之一。

◎ 巴菲特选择《华盛顿邮报》的原因

在巴菲特的生活中，他对传媒行业也具有一定的兴趣和爱好，在他的投资生涯中，他曾经投资过《奥马哈太阳报》、联合出版公司等多家传媒公司。巴菲特认为，传媒行业和其他产业不一样，它的高盈利来自于获得市场垄断地位的特许经营权。

Easy-going

如何清晰地了解一个企业的价值，那就是多阅读。巴菲特在阅读中，不仅关注公司的年度报告，还关注这家公司的竞争对手的年度报告。

1. 熟悉《华盛顿邮报》。

巴菲特13岁的时候，就是邮报的一个小报童，他坚持干了4年多的时间。当时他靠送报纸就攒了5000千多美元，这也是他人生的第一笔大财富。

2. 懂得传媒业务。

1969年，巴菲特买进了《奥马哈太阳报》。1973年，巴菲特在购买邮报之前，已经有了4年经营报业的经验，也从中了解到报业的市场垄断

巴菲特选择《华盛顿邮报》的原因

1. 熟悉《华盛顿邮报》 巴菲特小时候就当过该报的报童，所以，他非常了解这份邮报	**2.** 懂得传媒业务 巴菲特认为传媒报业的垄断性很强，相对其他行业而言，很容易获利
3. 强大的影响力 邮报有很强的国际影响力，其发展前景不可估量	**4.** 低估的股价 邮报的市场占有率非常高

性。巴菲特说过："报业是一个非常奇妙的行业，它是那种趋向一种自然的有限垄断的少数行业之一。"

3. 强大的影响力。

1971年，《华盛顿邮报》因为刊登发表了《五角大楼报告》的机密文件，揭露了在越南战争问题上的欺骗行为而闻名天下。1972年，邮报对几名男子私自闯入民主党的全国竞选总部——水门饭店这一事件进行深入追踪调查，虽然面临巨大的压力，但最后还是得到了社会上众多媒体和民众的大力支持，迫使当时的总统尼克松下台。邮报因此获得了普利策奖，也因此确立了在报业中的坚固地位，成为美国最负声望、最具影响力的报业之一。

4.低估的股价。

1973年，巴菲特在买进《华盛顿邮报》的股票时，公司的权益资本收益率约是16%，这和当时其他报业的平均盈利水平差不多。但是《华盛顿邮报》作为当时美国华盛顿报业市场的龙头，占有整个华盛顿地区报业发行量的一半以上。在巴菲特的运作下，《华盛顿邮报》迅猛发展了5年，其权益资本收益率比起五年前增长了1倍，比当时其他报业的平均水平要高出50%以上，取得了十分辉煌的战果。

亚洲最赚钱的公司——中石油

中石油是巴菲特投资对象中为数不多的美国本土以外的公司，巴菲特投资中石油的时间虽然不是很长，但这只股票是他短期内大量投资且收益率很高的股票，也是他投资生涯中唯一一只中国股票。

◎ 中石油的成长和巴菲特投资历程

中国石油天然气股份有限公司简称为中石油，是1999年公司在重组和改革的基础上创建的。2000年4月，第一次在中国香港和美国纽约实现境外上市，当时只发行10%的流通股。

中石油上市后，凭着稳健扎实的经营模式和良好的收益，赢得了境外很多投资者的认可，其股价一直不断上涨。特别是2003年，股神巴菲特投资中石油的消息公开后，中石油的股价就一路飙升。

Easy-going

巴菲特说过："我通常是在人们对股票市场失去信心的时候购买。"而巴菲特抛出中石油股票的时候，中国股市正在热潮中。

2005年9月，中石油H股的价格收在5.85港元，创下了历史的新纪录，其市值达到了1323亿美元，超过了世界第二大汽车制造商丰田公司，中石油也因此成为亚洲最大的公司，同时也在世界大公司排名中排在第19位，在世界石油行业中，排名第5。

2003年4月，巴菲特开始不断地买进中石油的H股，2004年，他手中

中石油的成长

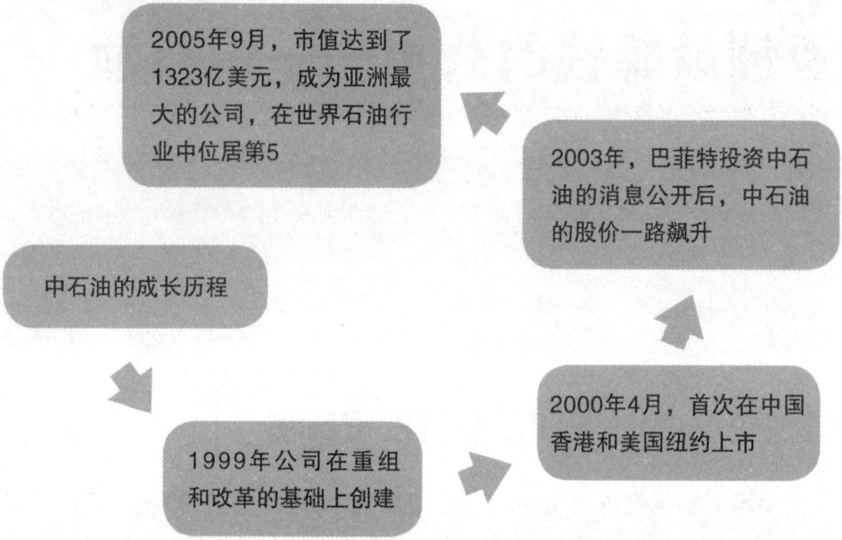

持有的H股有23.4亿股，投资成本大约是5亿美元。巴菲特2007年7月开始出售中石油的股票时，中石油股价还在12港元左右，可是到了10月份，中石油的股价达到了18.94港元。市场相关人士粗略分析，巴菲特仅仅靠中石油这一只股票，盈利就超出300亿港元，这和他在2003年投资的32亿港元的成本相比较，他的收益应该是在8～10倍之间。

◎ 巴菲特对中石油的分析

2007年，巴菲特10多年后再次来到中国这片沃土，在接受央视采访时，说出了投资中石油股票及卖出股票的原因，也因此让人们知道了股神巴菲特投资中石油的真实原因。

巴菲特认为，中石油是世界第四大石油公司，其盈利也排在第4位，产量可和埃克森美孚相媲美。中石油的年报显露的相关资讯比其他石油公司多，中石油告诉投资者，会有近一半的盈利发送给公司的股东

小故事

巴菲特和中石油的感情

2007年10月，股神巴菲特将自己持有的中石油的股票全部抛出。虽然抛出了股票，但是巴菲特对中石油的感情还是很深厚的。他曾经这样说道：“我们大概投资了5亿美元，我们抛出后赚到了40亿美元。我给中石油写过一封信，感谢他们为股东们做出的贡献，中石油比世界任何石油企业都要好，我非常感谢，所以我曾给他们写了一封信。”巴菲特虽然卖掉了持有的中石油股票，和中石油没有任何关系了，但是他依然对中石油怀着一颗感恩的心，可见巴菲特不仅仅是投资大师，也是修心大师！

们，这一举动排除了很多其他模糊不清的因素。中石油的产量占世界的3%，掌控中国大多数的提炼设施，如果你可以用同类公司1/3的价格购买该股，那么你自然会去做的。

巴菲特这样说过：“我读了2002年4月份的年报，也读了2003年的年报，然后，我决定在中石油中投资5亿美元。这仅仅是根据我读过的年报，我没见过管理层，也没见过分析家的报告。但是，中石油非常通俗易懂，是一个很好的投资对象。”

那么，既然巴菲特认为中石油是一个很好的投资对象，为何又把中石油的股票卖掉呢？当巴菲特被问到这个问题时，他说：“有很多这样优秀的企业，其实我希望买进更多，并长期持有。石油的利润主要依赖于油价，如果石油是在30美元一桶的时候，我们是非常乐观的，如果石油到了75美元时（我不是说它下跌），我就不像以前那样自信。石油在30美元的时候是很具有吸引力的价格。根据石油的价格，中石油的收入在很大程度上是依赖于未来十年石油的价格，我对此也并不是很消极，但是，30美元一桶的时候我是非常肯定的，到了75美元一桶的时

中石油的优势

中石油上市以来，凭借稳健扎实的经营模式和良好的收益赢得了境外很多投资者的青睐	中石油是世界第四大石油公司，盈利也排在第四位，产量可与埃克森美孚相媲美

候，我就持有比较中性的态度了，而现在石油的价格已经超过了75美元一桶了。”

巴菲特认为油价继续上涨的可能性很小，而石油的利润也很难大幅度地上涨。所以，巴菲特选择了抛出持有的中石油股票，他的这一举动依然是遵循了自己的投资原则，并没有违背。

◎ 巴菲特投资中石油的启示

观察巴菲特在中石油上的成功投资，可以说明成功的价值投资对投资者来说并不是那么遥不可及，它就发生在我们的周围。巴菲特在中石油中成功投资的灵活决策方式，让每一个投资者都深受震撼。

这种震撼不仅仅源于巴菲特在中国股市低迷时期投资5亿美元在短短4年中赚到了40亿美元，更是因为他的这次成功投资就发生在我们身边，基本上每一个中国股市中的投资者都深深地感受到了股神这次投资的整个过程。巴菲特的这次投资给每个投资者都带来了很大的启发，给每个人在未来的证券投资市场中带来了很大的帮助。

作为一个价值投资者，你关注的重点应是公司价值核心驱动因素的变化，而不单单是企业的内在价值。巴菲特买进中石油的原因是因为石油价格在30美元时，有很大的价值上涨空间，而抛出的原因是因为油价上升到75美元，他对油价还能继续上涨到什么程度没有很大的信心。可见，中石油的核心价值驱动因素，就是石油价格的长期变化趋势。

其实，巴菲特看的是中石油2002年4月至2003年的年报，他虽然没有进入公司了解高层管理人员，也没有对中石油深入地了解，但是，股神一定是对中石油的石油价格趋势研究得很透彻。

◎ 巴菲特：我为什么卖出中石油

2007年，阔别10年后，股神巴菲特来到中国，引起了国内价值投资者的广泛关注。而在此之前，让人大吃一惊的是，巴菲特卖出了中石油的股票，所以一些专家预测，巴菲特此次中国之行至少传递出以下几个信息：第一，告诉了我们卖出中石油的真实原因——油价越过75美元；第二，告诉了中国投资者，买股票不是要解决货币贬值问题；第三，中国股市过热，正在出现泡沫化，其未来的升值空间不是很大。

巴菲特抛售中石油股票的理由：石油企业利润主要依赖于油价，如果石油在30美元一桶时，我们很乐观；如果到了75美元，我不是说它就会下跌，但不像以前那么自信。中石油的收入在很大程度上依赖于未来十年石油的价格走势，我对此并不消极，不过30美元一桶时我非常肯定（它是低估的），而到75美元一桶时我就持比较中性的态度，现在石油的价格已经超过了75美元一桶。

巴菲特的回答为我们解开了其沽售中石油之谜。按照巴菲特的思路，我们很容易联想到很多，如未来10年美元的价格会怎样、未来10年房价走势会怎样、未来10年黄金价格、农产品价格会怎样等，这些因素将决定很多上市公司的利润走向，从而决定其未来股价运行。

按照目前A股与H股的价差，我们假定中石油A股上市后的价格大致在40元。巴菲特对中石油的清仓价格在14.5港元左右，而我们A股市场却接受其40元的价格；进一步，我们类比这两个价格并套用A股点位（以溢价50%计算）就可以看出，巴菲特是在相当于A股3500点以下清仓中石油的。进而我们是否可以认为，在我们接受A股6000点的时候，巴菲特却认为3500点的A股就已经缺乏安全边际了？

巴菲特认为："中石油现在的市值仅次于美孚石油，比通用电气还要高。但你们的股票市场发展非常强劲，可能现在有一些比较便宜的股票，但也不像两年前那么便宜了。我通常是在人们对股票市场失去信心的时候购买，但是在中国现在的市场，人们总是很踊跃地购买——当然他们有很好的理由。近年来，我已经不像两年前那样，容易在中国找到被低估的股票了。"

巴菲特对这个问题的回答有几层含义：其一，中国有不少优秀的企业，但现在这些企业的估值太高以至于它们在巴菲特眼中失去了吸引力；其二，在巴菲特眼中，中国目前的企业中还没有出现类似可口可乐的"非卖品"；其三，尽管目前中国股票估价不便宜，但人们还是踊跃购买、信心十足，但这不是巴菲特买入的时候，因为他通常会在人们失去信心而不是信心十足时购买。

上海A股在两年内上升5倍，面对高通胀和负利率，越来越多的人把资金投入股市，寄望赚取更高的回报。对此巴菲特告诫投资者，不要因错过升浪而迷惑，买股票不是要解决资金贬值，最好保持冷静。中国股市表现非常强劲，可能还有小量价格便宜的股票，但要点石成金已经相当困难。

在负利率的驱使下，很多居民在6000点附近仍然拿出储蓄存款进入

More　巴菲特卖出中石油的原因

1. 香港股市上升得非常快。

2. 国际油价不断上涨，而中石油炼油业务成本也不断增加。

3. 中石油在苏丹达尔富尔地区用巨大的资金建立炼油厂，其风险很大。

4. 次贷危机使得巴菲特经管的伯克希尔公司有套现的需求。

股票市场。他们的口号是："买股票有风险，但不买股票存银行更有风险"。这是一种相当危险的观点。诚然，在负利率下银行存款确实会使得购买力受到轻微损失，但在股市进入非安全期仍然进场购买，却可能出现大幅亏损。

巴菲特出手后的中国石油价格

	2006年	2007年	2008年
财务摘要			
资产总额（亿元）	14090	1.9	1.5
销售收入（亿元）	1.8	1.8	12730
利润总额（亿元）	1.4	1.7	1348
净利润（亿元）	1.5	1.4	1.5
业绩摘要			
新增探明石油地质储量（万吨）	90166	104217	90996
国内	61511	83159	64322
海外	28655	21058	26674
新增探明天然气地质储量（亿立方米）	1.5	4522	1.2
国内	3654	1.9	1.2
海外	1.5	1.1	420
石油剩余可采储量（万吨）	271090	306235	299550
国内	182712	194924	193550
海外	88378	111311	106000
天然气剩余可采储量（亿立方米）	22152	23201	26743
国内	20955	21889	24438
海外	1197	1312	2305
原油产量（万吨）	1.9	1.4	1.5
国内	1.6	1.2	1.2
海外	1.3	1.1	1.3
天然气产量（亿立方米）	1.1	1.6	1.1
国内	1.1	1.5	1.5
海外	38	1.1	1.6
原油加工量（万吨）	1.7	1.8	1.4

巴菲特论成功投资

除了前面说的各项投资，巴菲特还有数不清的其他成功投资。在这些投资案例被别人进行解读和研究的同时，巴菲特自己也在不断总结这些投资的经验。和人们想象的一样，巴菲特对自己的投资也有不满意的地方。

◎ 喜斯糖果——强势的特许事业投资

巴菲特在给股东的信中这样评价自己对喜斯糖果所做的投资："我们刚刚跨过历史性的一页，二十年前，也就是1972年1月3日，蓝筹邮票公司买下西岸的一家盒装巧克力制造与销售厂商，当时卖方所提的报价，以最后取得的100%股权换算约为4000 万美元，但当时光是公司账上就有1000 万美元的现金，所以认真算起来真正出的资金只有3000 万美元，不过当时查理跟我还不是那么了解一家特许企业所拥有的真正价值，所以在看过账面净值只有700 万美元的报表之后，竟向对方表示2500 万是我们可以出的最高上限(当时我们确实是这样认为)，很幸运的是卖方接受了我们的报价。"

在回忆和总结了对喜斯糖果投资的全过程后，巴菲特这样总结道："同样重要的是拥有喜斯糖果让我们对于强势的特许企业有更深一层的认识，我们靠着在喜斯身上所学的东西，在别的股票投资上，又赚了更多的钱。"

根据巴菲特的描述，喜斯糖果：

1972—2007年的35年间，其销售量只增长了不到2倍。

但销售额从3000万美元增长到2007年的3.83亿美元，增长了接近

13倍。

很容易推导出，肯定是其价格在这35年里同时增长了6 ~7倍所致。

净利润从500万美元增加至8200万美元，增长了15 ~16倍。

运营所需资本从800万美元增加到4000万美元，增长了5倍。

净资本收益率从60%变为200%多。

巴菲特以2500万美元买下了这家企业。当时净利润不足500万美元，也就是巴菲特是以不到6倍的市盈率买下的喜斯糖果。

通过巴菲特对喜斯糖果投资的分析我们可以看出，成功的投资能够给投资者带来的经验往往比其他投资更多。

喜斯糖果的发展

单位：%

年份	加州市场占有率变化	利润总额增长
1980	23.7	32.3
1981	5.4	-5.0
1982	45.8	21.4
1983	36.0	22.4
1984	21.8	6.2
1985	45.8	31.6
1986	38.7	18.6

◎ 美国运通——再厉害的投资者也需要运气

巴菲特对美国运通投资的成功，其中最有意思的部分是他在这笔投资上犯下了错误，但是依靠运气获得了成功。他在自己的传记中回忆说：“根据约定我们的运通股票必须在1994 年8月以前转换成普通股，而就在前一个月我还一直在考虑是否应该在转换期限到期以前把这项投资给处理掉，当时考量的是虽然美国运通总裁Harvey Golub 表现相当优异，他总是有办法将公司的潜力发挥到极致（这点从一开始便不断地获得证明），只是这种潜能还是面临严重的挑战，那就是美国运通来自于以Visa 为首的其他发卡单位激烈的竞争，在衡量各种利弊得失之后，我还是倾向于把这笔投资提前给处理掉。还好我走狗运，就在要做决定的那个月，我正好到缅因州和Hertz 租车公司总裁Frank Olson一起打高尔夫球，Frank 是一位相当优秀的经理人，因为业务的关系相当熟悉信用卡的行业，所以从第一洞开始我就一直追问他有关这个行业的种种问题，到了第二洞的果岭时，Frank 已经让我完全相信美国运通的企业卡是一项绝佳的生意，所以我就决定不卖了，等到后九洞时，我更决定加码投资，于是在回来的几个月后，伯克希尔已经拥有该公司10%的股权。”

这次幸运让巴菲特获得了至少30亿美元的利润。

近十年美国运通股票价格的变化

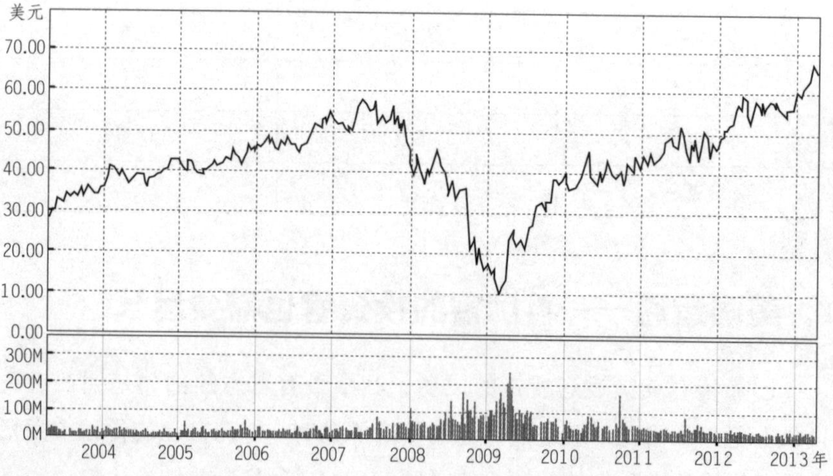

◎ 盖可保险运营公司——保留老资料是一种良好的投资习惯

盖可保险运营公司是全美第七大汽车保险公司，约有370万辆汽车加保，而巴菲特个人与盖可保险的关系长达45 年以上。

青年时代，巴菲特在奥马哈担任股票业务员，他把重心全部放在GEICO这只股票之上，他做成的第一笔生意就是把它介绍给总是最支持他的阿姨Alice。不过当时的巴菲特只是个20岁初出茅庐的小伙子，所以他的话总是没有人愿意相信。即便如此，巴菲特还是在1951年写了一篇最佳推荐个股——GEICO并刊登在当时最大的金融时报专栏之上，当然最重要的是：巴菲特自己也买了这家公司的股票。从1944年开始报税到现在，巴菲特都保留每年个人报税的资料，在将这些资料拿出来比对之后，1951 年，巴菲特共分4次买进GEICO 股份，最后一次是在9 月

巴菲特投资盖可保险运营公司的原因

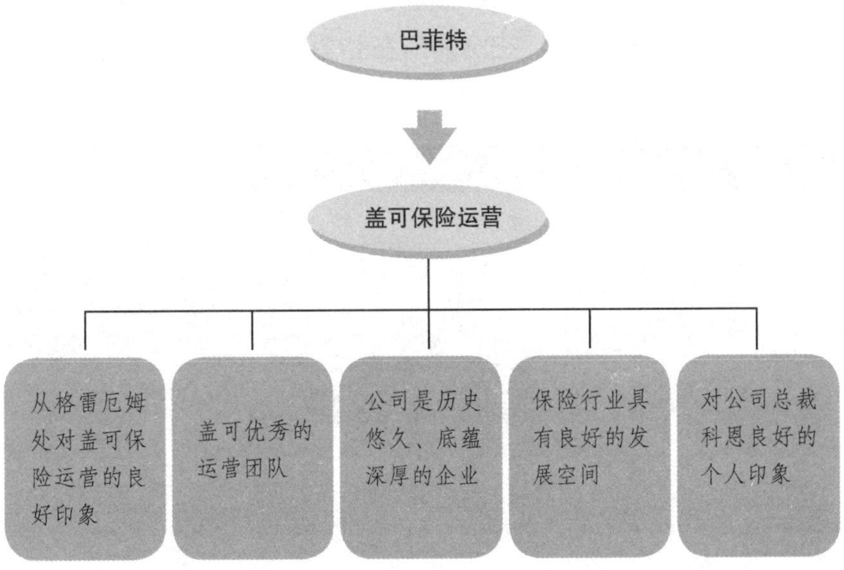

26 日，这样的做法让他觉得自己很早就有自我沉醉的倾向，印象中他当时是在向别人推销这批股票不成之后，决定自己吃下这批股票，尽管在当时他已将个人50%以上的身家全都押在了这只股票之上，而在加码之后，他总共持有350 股的GEICO股份，成本为10282 美元，到了年底，这些股票的市值成为13125 美元，超过个人净值的65%。

“大家可以看出，GEICO 公司可以说是我投资生涯的初恋，”巴菲特这样评价自己对GETCO所作的投资。

◎ 资本城／ABC——投资需要时间来发酵

巴菲特对资本城和美国ABC广播公司的投资同样获得了成功，他对这两个公司的评价非常有意思，他说：“毕竟就算是才华与努力俱备，还是需要时间来发酵，就算你让九个女人同时怀孕，也不可能让小孩一个月就生出来。”在这里，巴菲特一再强调耐心对投资的重要性。

“如果Murph（巴菲特投资合伙人） 决定另创事业，不必费心去研究其可行性，闭着眼睛投资就对了，而且绝对不要笨到像我前年一样把资本城三分之一的持股以6.35亿美元卖掉，这批股票在与迪斯尼合并后，价值超过12.7亿美元。”巴菲特对资本城投资上没有获得足够的利润

资本城/美国ABC广播公司被投资的原因

表示遗憾。

从1985年开始，巴菲特一直保持着对资本城较小的投资，并且一直持续不断地获得利润。

第8章

巴菲特切记的投资四大原则

巴菲特投资的经历和经验总结连篇累牍，而且其中很多都是具体化、细致化的操作，然而在这些众多的投资经验总结中，巴菲特投资学的核心始终没有变。或者说，巴菲特始终是按照四大原则进行投资，并且在每一步投资中都混合运用着这四大原则。

本章教你：

- ▶如何从简单的点入手寻找合适的企业
- ▶如何根据公司管理来发现投资点
- ▶如何从财务原则中寻找投资机会
- ▶大市场环境走势

企业原则：关注企业本身的三个基本特性

巴菲特的成功最主要的因素是，他是一个长期投资者，而不是短期投资者或投机者。他的大部分精力和资本都用在寻找并投资在好的企业上。正是基于这样一个常识，即一个经营有方、管理者可以信赖的公司，它的内在价值一定会显现在股价上。所以，投资者的任务是，做好自己的“家庭作业”，在无数的可能中，找出那些真正优秀的公司和优秀的管理者。

◎ 好的企业本身具备的三个基本特性

巴菲特的投资标准，经过研究者对他所投资的企业进行分析，得出8个非常简单的特点：

1. 必须是消费垄断。

2. 产品简单、易了解、前景看好。

3. 有稳定的经营史。

4. 经营者理性、忠诚，始终以股东利益为先。

5. 财务稳健。

6. 经营效率高、收益好。

7. 资本支出少，自由现金流量充裕。

Easy-going

林肯说：“如果一只狗连尾巴也算在内的话，总共有几条腿？答案还是四条腿，因为无论你是不是把尾巴当作一条腿，尾巴永远还是尾巴。”也就是说，好的企业不是包装出来的，单纯的资本游戏不会产生价值。

巴菲特的投资标准

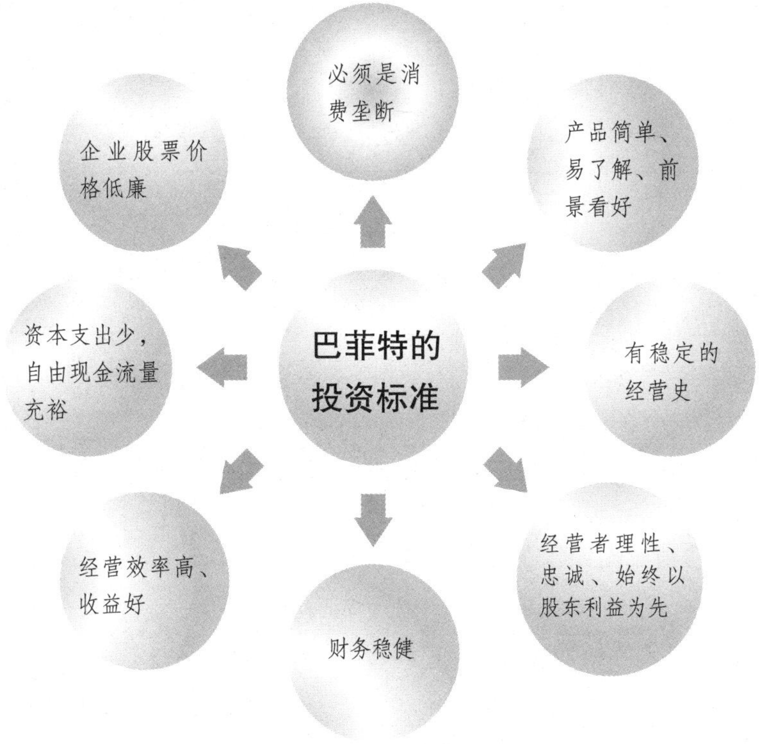

8. 企业股票价格低廉。

对于这8个特点进行深入总结，可以划分为三个基本特性，那就是：

1. 企业生产的产品是具有品牌垄断地位的日常消费品。

2. 企业的经营者品格诚实、能力优秀。

3. 企业的股票价格低廉，被市场低估。

◎ “消费垄断”企业

巴菲特把市场上的众多公司分成两大类：第一类是投资者应该

小故事

可口可乐的消费垄断

巴菲特投资的可口可乐，就是明显的“消费垄断”企业。

有调查表明，消费者在不看品牌的情形下，基本上没法认出一杯可乐是可口可乐还是百事可乐。受到这个调查结果的鼓舞，沃尔玛公司毅然推出自己的可乐品牌，投放在几千家的分店里，和可口可乐、百事可乐的自动售卖机排在一起卖。自有品牌饮料不但占据最接近入口的优势，而且售价也只是百事可乐和可口可乐的一半。但结果呢？沃尔玛的自制饮料仍然不是这两个世界名牌汽水的对手，只能抢抢其他无名品牌汽水的市场而已。

选购的“消费垄断”的公司，第二类是投资者应该尽量避免的“产品公司”。

有些公司在消费者脑海里已经建立起了一种“与众不同”的形象，无论对手在产品质量上如何与这些公司一样，都无法阻止消费者去钟情于这些公司。对于这类公司，巴菲特称之为“消费垄断”公司。

巴菲特在要买下一家公司的股份时，常常先这么问自己：“如果我投资几十亿美元开办新公司和这家公司竞争，而且又可以聘请全美国最佳的经理人，我能够打进它的市场吗？如果不能，这家公司的确不错。”这么问还不行，巴菲特会问自己更深一层次的问题：“如果我要投资几十亿美元。请来全国最佳经理人，而且又宁可亏钱争市场的话，我能够打进它的市场吗？”如果

Easy-going

在人们无法分辨出质量高低的产品中，“消费垄断”也能够吸引消费者以高一倍的价格购买。

答案还是不能的话，这就是一家很优秀的公司，非常值得投资。

巴菲特一生都在寻找具备持续竞争力的消费垄断类企业，他找到了可口可乐、吉列刀片，然后大举投资，并且从中获得了不菲的收益！

与“消费垄断”的公司相反的是“产品公司”。这类公司生产的产品在消费者的心目中很难脱颖而出，只能从价格和质量方面竞争，其结果对公司收益是不利的。这类公司是投资者应该尽量避免的公司，大多集中在粮食、石油、钢材、铜、电脑配件、民航服务、银行服务等行业。

◎ 消费类企业

为什么巴菲特喜欢消费类企业？因为几乎所有的企业都无法摆脱行业周期的影响，包括银行业在内。但是，消费类和医药类企业不属

品牌垄断是投资者的最优选择

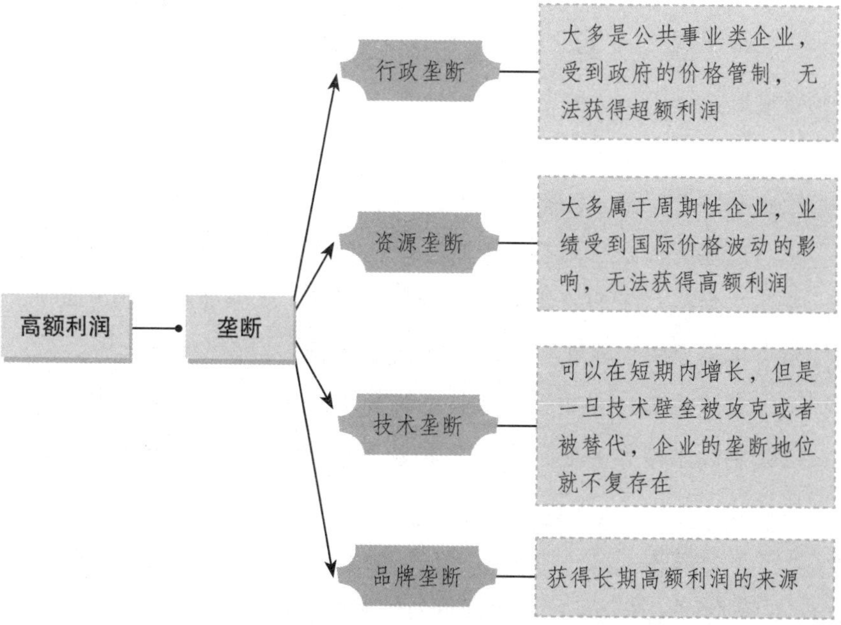

于周期性行业。虽然经济大环境对消费类有一些影响，但总体来说，消费类是周期性最弱的行业之一。

投资实战

背景

20世纪70年代中期到80年代，吉列实行了一系列并不成功的产品多元化经营，加上在市场营销上的不力，造成了消费者认同感的动摇，在公司极为倚重的海外市场上严重受挫，吉列遭遇了严重的危机和挑战。

投资进行

巴菲特在阅读吉列公司1988年的年报时发现，为了避免被并购，吉列公司把所有资金都用于回购股票。他意识到：吉列可能需要大笔资金的注入。经过与吉列公司高层的谈判，1989年，巴菲特投资6亿美元购买吉列优先股，这些优先股随后转换成11%的普通股。

得到了巴菲特6亿美元注资的吉列，还清了债务，并顺利完成了企业重组，很快就恢复了活力。

巴菲特进入吉列公司董事会后，也立刻给吉列公司带来了改变。吉列终结了和百事可乐的合作，转而与巴菲特持股的可口可乐合作，形成了类似于“麦当劳+可口可乐”的合作关系。

在随后的16年中，巴菲特坚持对吉列的持股，即使是在19世纪90年代末期吉列股价大跌、其他大股东竞相抛售股票时也不为所动。

投资结果

2005年1月28日，美国宝洁公司宣布并购吉列公司，吉列股价当天猛涨13%，伯克希尔公司持有的吉列股票总市值一举突破了51亿美元。

分析

巴菲特对吉列品牌信心十足，因为吉列公司有强劲的获利能力、良好的现金流量、优秀的管理，特别是具有“消费垄断”地位的品牌。

在谈到对吉列持股的看法时，巴菲特说得十分“生活”：他每晚都能安然入睡，因为他想到第二天早上总会有25亿的男性要刮胡子。这不同于那种“全国人民每人给我一分钱”的狂想，吉列的产品在世界200多个国家和地区销售，多数占据绝对优势，甚至有些国家将吉列公司作为剃刀刀片的象征，在欧洲占据着70%的市场份额，在拉丁美洲则占据着80%的市场份额。

管理原则：高级主管必须展现出的三个重要特质

巴菲特投资学的一个最大特征，就是拉近投资和创业的距离，将拥有某个公司的股票，看成是自己创业的一部分。相比于其他人的投资策略，巴菲特的投资策略更加关注所投资公司的管理水平，而研究被投资公司的管理水平，最终落脚点就是要看被投资公司高级主管所展现出的特质。

◎ 管理阶层是否理性

管理人员把自己看成是公司负责人，不会忘了公司最主要的目标——增加股东持股的价值。同时他们会为了进一步达成这个目标做出理性的决定。

巴菲特对于那些能看重自己的责任，完整而翔实地向股东公开所有营运状况，以及有勇气抵制所谓的“盲从法人机构”，而不盲目地追随别人的管理人才，抱着极为敬佩的态度。分配公司的资本是最重要的经营行为，因为一段时间之后，资本的分配将决定股东股权的价值。根据巴菲特的观点，决定如何处理公司的盈余（转投资或者是分股利给股东）是一个非常重要的理性思考课题。巴菲特极为看重那些完整且翔实报告公司营运状况的管理人，尤其尊敬那些不会借着一般公认的会计原则，隐瞒公司营运状况的管理者。他们把成功分享给他人，也勇于承认错误，并且永远向股东保持坦诚的态度。如果资本支出的配置是如此简单而合乎逻辑，怎么会有那么多资金运用不当的事情发生呢？巴菲特所得到的答案是一种他称之为“盲从法人机构”的无形力量。企业的管理者自然而然地模仿其他管理人员的行为，不管那些行为是多么愚蠢或者违反理性。

◎ 该企业长期发展的远景是否被看好

以巴菲特的观点，投资人财务上的成功，和他对自己所做的投资的了解程度成正比。因为只在他了解的范围内选择企业，所以他对所投资的企业一直有高度的了解。

根据巴菲特的观察，投资的成功与否并非取决于你了解的有多少，而是在于你能否老老实实地承认自己所不知道的东西。投资人并不需要做对很多事情，重要的是要能不犯大的过错。在巴菲特的经验里，以一些平凡的方法就能够得到平均值以上的投资成果。重点是你如何把一些平凡的事做得极不平凡。

巴菲特不碰复杂的企业，对于那些正因面临难题而苦恼，或因为先前的计划失败，而打算彻底改变营运方向的企业，他也敬而远之。巴菲特相信，重大的变革和高额报酬率是没有交集的。许多投资人拼

理性管理者的自问

每年向现有客户出售的物品越来越多，是由于

(1) 对现有产品和/或服务的需求不断增加?

(2) 现有产品和/或服务的质量不断改进?

(3) 引进新产品和/或新服务?

每年向新客户出售的物品越来越多，是由于

(1) 对现有产品和/或服务的需求范围不断拓宽?

(2) 现有产品和/或服务质量的改进增强了吸引力?

(3) 引进新产品和/或新服务?

命抢购那些正在进行组织变革的公司股票，往往被一些企业将来可能带来的好处之假象所迷惑，而忽略了眼前的企业现实。

巴菲特从经营与投资的经验中学到，咸鱼很少能够大翻身。学会去避开它们，能够成功并不是因为我们有能力清除所有障碍，而是在于我们专注地寻找可以跨越的障碍。

◎ 管理层能否对抗“法人机构盲从的行为”

如果管理层坚持面对错误可以增长智慧及受信赖度，那么为什么总是有这么多的年度报告只宣扬成功的业绩呢?如果资本支出的配置只是如此简单而合乎逻辑，怎么会有那么多资金运用不当的事情发生呢？巴菲特得到的答案是一种他称之为“盲从法人机构”的无形力量。就好像旅鼠盲目地行动一样，企业的管理者会自然而然地模仿其他管理人员的行为，不管那些行为是多么愚蠢或者违反理性。

巴菲特在学校的时候一直认为企业界那些经验丰富的管理者都是诚实而聪明的，而且懂得做出理性的营业决策。等到真正踏进了企业界，他才知道，“一旦盲从法人机构开始发酵，理性通常会大打折扣”。

巴菲特把这种盲从行为分为两种。

第一种，不经大脑的模仿行为。

他们为什么会这样做？巴菲特指出三个他觉得对管理层

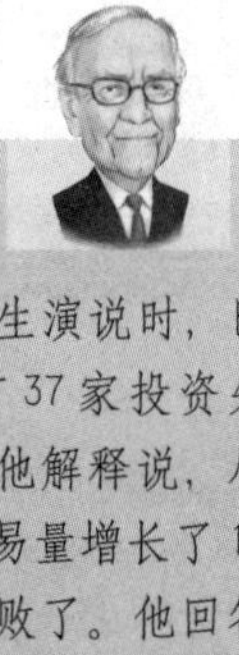

Easy-going

在向一群圣母大学学生演说时，巴菲特展示了一份列有37家投资失败的银行机构名册。他解释说，尽管纽约股票市场的交易量增长了15倍，这些机构还是失败了。他回答出现这种现象的原因说：“你们想想看，他们为什么会得到这样的结果呢？我告诉你们为什么，因为同业之间不经大脑的仿效行为。”

行为影响最深的因素：第一，大多数的管理者不能够控制他们行事的欲望，这种渴望极度活跃的行为，通常在购并接管其他企业时找到宣泄。第二，大多数的管理者常常会和同业及其他产业的公司比较彼此之间的销售、盈余和高阶主管人员的薪酬。巴菲特提到，这样的比较引发了公司管理者的极度活跃行为。最后一点，巴菲特相信大多数的管理者对自己的管理能力过分自信。

第二种，害怕丢掉饭碗的威胁。

巴菲特认为：（1）一个机构拒绝改变它目前的运作方向；（2）如同工作量扩大占满所有可利用的时间一样，所有的计划与并购行为也将会消耗全部的可用资金；（3）领导者提出的任何企业上的行动计划，无论有多愚蠢，都会迅速获得属下的支持，他们提出详细的报酬率及策略研究作为回应；（4）同级公司的作为，无论它们是正在扩张、收购、制定主管人员的薪资或者做其他的事，都会被仿效。

小故事

巴菲特的“坦白”

致伯克希尔—哈撒韦的股东：

2011年我们的A类股和B类股每股账面价值增长4.6%。过去47年中，即目前管理层掌管公司以来，账面价值从每股19美元增至99860美元，年复合增长率为19.8%。

我和伯克希尔的副董事长、我的合伙人查理·芒格(Charlie Munger)都对2011年公司取得的进步感到满意，以下是2011年业绩亮点：

董事会的首要工作是确保让合适人选来经营我们的公司，确定好下一代领导人并让他们做好随时就可以接管公司的准备。我们还有两个出色的超级替补。一旦责任交接的时刻来临，我们可以做到无缝传承，而伯克希尔的前景将依然光明。

我们的主要业务去年表现良好。实际上，我们五个最大的非保险类公司，BNSF、Iscar、路博润、Mormon和中美能源的运营利润都创下了历史纪录。2011年它们总计的税前利润超90亿美元。除非经济在2012年下滑，我们这五家卓越公司的业绩有望再创新高，利润总额将轻松超越100亿美元。

我们的保险运营继续为无数其他领域的机会提供着宝贵的资本。虽然我们时不时有承保损失，但到现在为止我们已连续9年都获得了承保利润，它们的总额约170亿美元。

最后，我们在可上市证券方面做了两项重大投资：（1）以50亿美元收购美国银行6%优先股，同时获得可在2021年9月2日前以每股7.14美元价格购买7亿股美银普通股的权证。（2）收购6390万股IBM的股票，成本为109亿美元。算上IBM，现在我们已拥有四家非常优秀的公司的大量股份：其中美国运通占比为13%，可口可乐8.8%，富国银行7.6%，IBM5.5%。

如果我们去年全年都持有现在的仓位，我们从这四大公司中可获得8.62亿美元分红。这些其实都已出现在伯克希尔的盈利报告中。但是，我们在四大公司利润的份额会要高出很多，达到33亿美元。

我的好消息说完了，接下来是2011年伤害我们的一些事情：

几年前，我花了约20亿美元购买能源期货控股公司(Energy Future Holdings)发行的几种债券，这是一家服务于得州部分地区的电力公司。这是一个错误，而且是非常巨大的错误。从大的方面来说，这家公司的前景与天然气价格联系在一起，而气价在我们购买债券后不久就开始下跌且持续低迷。尽管自购买债券后我们每年收到约1.02亿美元的利息，但除非气价大幅上升，否则这家公司的支付能力将很快告罄。我们在2010年对这笔投资减记10亿美元。2011年又增加减记3.9亿美元。

2011年底，我们将这些债券的价值按其市值8.78亿美元计入账目。如果气价维持在目前水平，我们可能面临更大亏损，甚至可能全部抹杀目前我们认列的账面值。相反，如果气价大幅回升，我们将会挽回部分甚至全部减记。无论结果如何，我购买债券时都误算了收益/亏损概率。依照网球术语的说法，这是你们的董事会主席一次极其重大的主动失误。

2011年，我告诉你们“房地产复苏很可能在未来一年左右内开始”。其实，我的这一判断错得厉害。幸运的是，人口构成因素和我们的市场体系将会修复必要的平衡，很可能不需要太长时间。

投资实战

管理原则巴菲特问答

管理原则出现在巴菲特称为的“所有者手册”中，包括主要为伯克希尔·哈撒韦制定的13条与所有者相关的企业原则，但普遍适用于各企业。

1. 将股东看作所有者合伙人，将自己看作管理合伙人。

2. 将自己的大部分净资产投入公司（“我们做的饭我们自己也吃”）。

3. 我们的目标是使每股的企业内在价值的平均年收益率最大化。

4. 我们宁愿通过直接拥有一些能产生现金且资本报酬率稳定在中上等水平的多样化的公司来实现我们的目标。

5. 不考虑总将不同的单个公司的收益进行合并的常规会计处理方法，重点注意各个公司的收益。

6. 勿让会计结果影响自己的经营决策与资产配置决策。

7．谨慎举债，确实需要举债时，也要使贷款构筑在长期固定利率的基础上。

8．当收购一家公司时决不要忽略股东的远期经济利益（巴菲特认为相反的行为是不道德的，是“牺牲股东的利益满足管理上需要的‘愿望表’”）。

Easy-going

在所有的投资者中，巴菲特值得称赞的是他对股东的坦白，每年巴菲特都要给股东写长长的公开信，解释自己一年的投资行为和未来的投资展望，而这些公开信就是研究巴菲特投资策略最重要的资料之一。

9．定期将经营成果与企业的宏伟目标相对照——1美元的留存收益能否给股东带来1美元的市场价值。

10．只在得到的价值与支付的企业价值同样多时才发行股票。

11．无论价钱如何，决不出售优秀的企业。

12．在报告中坦诚对待股东，强调评价企业价值的有利与不利因素。

在巴菲特所说的“所有者手册”中还有第13条原则：我们宁愿看到伯克希尔的股票价格合理而非过高。

财务原则：公司必须依循的4项重要财务政策

简单来说，巴菲特所能接受的企业财务原则有四项：第一，报表的制作注重权益回报，而不是每股收益；第二，合理地计算“股东收益”；第三，追求高利润；第四，公司每保留一美元，都要保证创造一美元的市值。

◎ 将注意力集中在股东权益报酬率，而不是每股盈余

股东权益报酬率是评估投资的关键财务指标。但需要做下面几个调整：一是如果有证券收益，所有可出售的有价证券应该是以成本计价，而不是以市价来计算；二是企业的良好股东权益报酬率是在负债少或无负债的情况下达成的，对于那些必须借由相当程度的负债才能达成良好股东权益报酬率的公司，应该持怀疑的态度。

Easy-going

巴菲特说：好的企业应该能够不靠举债，就可以赚取不错的股东权益报酬率。

但适当负债也是必要的，“如果你想要打中罕见而且移动快速的大象，那么你应该随时带把枪。”对于怎样的负债比例才是适当的，巴菲特不提供任何建议。巴菲特大部分的投资都具备此特点：美国运通的股东权益报酬率是23 %，吉列超过35 %，可口可乐更是高达55%。这些公

可的报酬率仍持续上升。

股东权益报酬率的重要性在于：让企业帮我们赚钱应该是我们唯一的赚钱途径！我们应该做的是资本家，而不是投资家。

格雷厄姆提出了两个原理：关注股票背后的企业，远离“市场先生”；购买企业一定要有安全边际。费舍提出了一个原理：企业成长，股价必涨！而巴菲特说：“假如股市从明天开始关闭10年，对我们没有影响”“股市对我们来说，几乎可以说是不存在的”“不能持有十年，不考虑持有十分钟”，等等。那么，如果股市不存在了，格雷厄姆肯定活不下去，费舍也很难！只有巴菲特不但依然活得好好的，还一直在赚钱。所以，巴菲特最有价值的贡献之一就是提出了这个原理——让企业帮我们赚钱，而不是让股市帮我们赚钱！

巴菲特能接受的企业财务原则

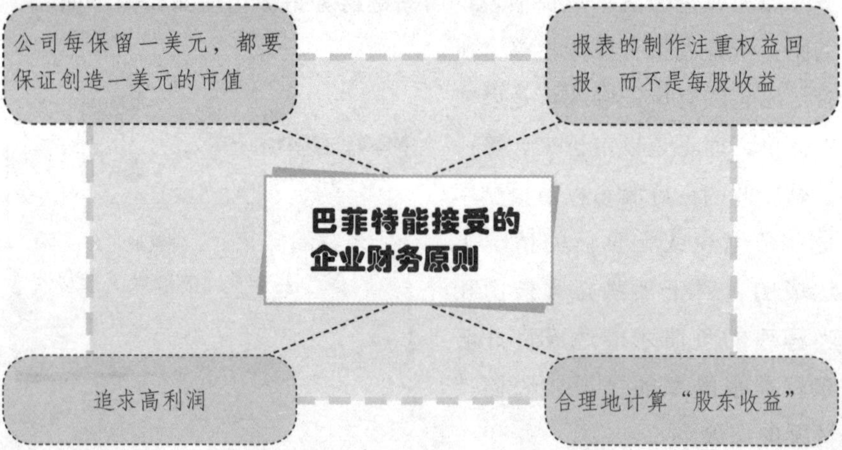

◎ 合理计算“股东收益”

巴菲特比较喜欢采用的是他自己定义的“股东盈余”（公司的净所得加上折旧、耗损、摊销的费用，减去资本支出以及其他额外

巴菲特的"股东盈余"

"股东盈余" = 公司的净所得 + 费用（折旧、耗损、摊销） − 资本支出 − 其他额外所需的营运资本

具体到中国上市公司的财务报表，可以直接适用自由现金流折现的方法，而且所有项目都可以直接在上市公司的财务报表上查到。

股票内在价值＝公司总价值−公司负债价值
＝公司自由现金流折现−公司负债价值
＝（公司预测期内自由现金流折现+公司预测期后自由现金流折现）−公司负债价值

公司自由现金流=经营活动产生的现金流量净额−资本性支出
＝经营活动产生的现金流量净额−（购建固定资产、无形资产和其他长期资产所支付的现金−处置固定资产、无形资产和其他长期资产而收回的现金净额）

所需的营运资本），来代替现金流量。巴菲特承认，股东盈余并没有提供许多分析师所要求的精确计算结果。他用凯恩斯的话说："我宁愿对得迷迷糊糊，也不要错得清清楚楚。"

巴菲特的这个公式，源于对格雷厄姆的股票价值评估方法的改进，他在1996年的《伯克希尔股东手册》中写道："内在价值是一个非常重要的概念，它为评估投资和企业的相对吸引力提供了唯一的逻辑手段。内在价值简单地定义如下：它是一家企业在余下的寿命中可以产生的现

金流量的贴现值。”在《1992年致股东的公开信》中，巴菲特更是明确指出：“今天任何股票、债券或公司的价值，取决于在资产的整个使用寿命期间预期能够产生的，以适当的利率贴现的现金流入和流出。”

Easy-going

其实，巴菲特的这个公式虽然看起来烦琐，但是比起投资机构的估值公式来说已经简单很多了。

◎ 追求高利润

万科总裁王石曾经高调主张不要暴利，不知道他有没有考虑公司里其他股东的感受。如果管理当局无法将销售额转换成利润，任何再好的投资也是枉然。巴菲特说：“真正优秀的经营管理者不会是早上醒来才说：‘好，今天我要削减开销。’就像他不会是早上醒来才决定呼吸一样。……即使是在利润创纪录的情况下，也会和承受压力的时候一样拼命地删减支出。”

◎ 一美元假设

对于公司的保留盈余，如果经过一段时间，公司不能将保留盈余做有效的运用，那么该公司的股票在股市就无法有令人满意的表现。相反，如果公司因增资而产生的报酬能够超越平均的水准，这项成功将会反映在日益增加的股票价值上。

以巴菲特的快速检验来看，这种股票市场价值的增加至少应该符合保留盈余的金额，如果增加的比保留盈余高，当然更好。巴菲特说：“在这种公开拍卖的超大型竞技场里，我们主要的工作，是要选择那些具有下面经济特性的公司：可将每一块钱保留盈余，确实转换成至少有一块钱的市场价值。”

小故事

巴菲特生活中的简单原则

巴菲特作为世界顶尖级的投资大师，简单之道成为他投资策略的一种方式，占据着一定的地位。在他的日常生活中，他也力求简单。在饮食方面，巴菲特不是太讲究，所吃的食物是大街上很普通的汉堡和可乐；他很少抽烟、喝酒；他很少参加社交活动，高档饭店也很难看见他的身影；他的穿着也是非常简单的。

巴菲特的这个假设是对全部财务原则的一个总结，是为了简单方便地从股票市场行情中做出反应：从动态的角度，对股票的内在价值变化进行判断，以便于分辨出哪些企业存在着高利润和高成长，并且可以保证股东获利。

巴菲特的财务分析方法

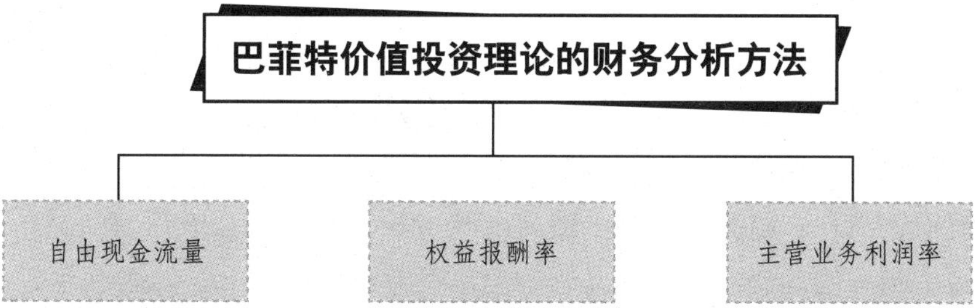

◎ 将注意力集中在股东权益报酬率，而不是每股盈余

巴菲特说：好的企业应该能够不靠举债，就可以赚取不错的股东权益报酬率。对于那些必须借由相当程度的负债才能达成良好股东权益报酬率的公司，应该持怀疑的态度。

巴菲特发出警告：会计上的每股盈余只是评估企业经济价值的起点，绝不是终点；并非所有的盈余都代表相同的意义。

Easy-going

计算（股东盈余）（Owner Earnings），得出正确的价值。每保留一美元的盈余，公司至少得增加一美元的市场价值。

巴菲特选择公司的标准是：长期发展远景看好，且公司由一群有能力和以股东利益为第一优先的管理者所经营，它们将随着日后公司市场价值的增加而获得证明：每一块钱保留盈余，确实转换成至少有一块钱的市场价值。

◎ 巴菲特的投资财务进行

一般而言，现金流量的习惯定义是：税后的净所得加上折旧费用、耗损费用、分期摊还的费用和其他的非现金支出项目。根据巴菲特的解释，此定义的问题在于它遗漏了一个重要的经济因素：资本支出。

巴菲特在投资理财的时候，总结出来一套自己的理论，称之为“股东盈余”理论，在这套理论中，他用股东权益加上公司资产的折旧、损耗、相关费用支出然后再减去相关的运营成本，依据这一理论计算出的结果来衡量投资一家企业是否值得。

Easy-going

自由现金流量＝税后净营业利润＋折旧与摊销－营运资本增加－资本支出

巴菲特的这套股东盈余理论，主要可以检验出企业业务的盈利能力，是对企业综合实力的检验，有了这套理论，我们可以很轻松地去计算一家企业的盈利能力，为我们选择有投资前景的企业提供帮助。

这套理论只能大概地计算出企业的盈利能力，无法像分析师需要的那样提供各种精确详细的数据，但是这并不妨碍投资者对企业投资前景的判断，巴菲特曾经用凯恩斯的一句话来评价自己的这套企业评价理论：“我宁愿对的迷迷糊糊，也不要错的清清楚楚。”

小故事

佛莱迪麦克

1989—1992年的四年间，佛莱迪麦克赚进了20.28亿美元，在分配完普通股及特别股的股利之后，公司保有15.39亿美元。在这段期间，公司的市场价值从40.33亿增加到87.23亿美元。公司每保留一美元的盈余，约会增加3.04美元的市场价值。

投资实战

背景

对于企业的估值，巴菲特的解释很通俗，其实就是把股票当债券看，都用所得到的现金回报衡量：如果以目前价格收购整个公司的投资收益率，比购买长期国债的投资收益率高很多，就值得买入。巴菲特买股票如同买长期国债，目的是寻找一个超级赚钱机器，像债券那样稳定，创造的现金流量却更多。

投资实战

巴菲特6岁就开始在街上卖可口可乐，26岁开始管理投资，1988年他58岁才开始买入可口可乐，他整整观察研究可口可乐52

年之后才开始大笔买入。即使是从他管理投资开始算起，也关注了32年之久。

从他在儿童时期就卖过的可口可乐，到13岁时连续送了4年多的《华盛顿邮报》，后来到他常常使用其信用卡的美国运通，再到生产他每天都要用到的剃须刀的吉列，还有他的汽车保险商政府雇员保险公司……巴菲特重仓持有的股票无一不是他长期观察过的企业。

投资结果

巴菲特买入可口可乐花了13亿美元，10年后涨到134亿美元，一只股票赚了121亿美元。

买入政府雇员保险公司投资0.45亿美元，一只股票赚了70亿美元。

买入《华盛顿邮报》花了0.11亿美元，一只股票赚了16.87亿美元。

买入吉列花了6亿美元，一只股票赚了37亿美元。

买入资本城/美国广播公司花了3.45亿美元，一只股票赚了21亿美元。

买入美国运通花了14.7亿美元，一只股票赚了70.76亿美元。

买入富国银行花了4.6亿美元，一只股票赚了30亿美元。

买入中国石油花了5亿美元，一只股票赚了35亿美元。

分析

巴菲特常常将购买股票比作结婚，而将选股比作选妻。事实往往是：结婚不难，选妻难。选到一个符合巴菲特要求的公司，业务一流、管理一流、业绩一流，而且未来长期稳定可靠，太难了。巴菲特找了一辈子，只找到几个他认为的好公司。

这也是巴菲特经常谈估值，但很少人见到他作估值的原因。

巴菲特任何估值的表格和公式，只有一张张他亲手记录的公司年度和季度财务数据。对于他来说，估值太简单了，用预测的现金流量一算，投资收益率每年能否超过15%就行了。

巴菲特最重要的工作，是分析公司多年的财务数据，判断公司业务、管理和业绩的稳定性，如果具有稳定性，就可以轻松预测其未来几年的现金流量。所以他说，他最重要的工作是阅读，阅读最多的是上市公司的年度和季度财务报告。

巴菲特曾经告诉奥马哈WOWT电台记者贝格里，很多公司的股票他都买100股，目的是可以及时读到这些公司的年报，如此一来就不至于在证券公司迷失了。

巴菲特说："只有你愿意花时间学习如何分析财务报表，你才能够独立地选择投资目标。"反之，如果不能从财务报表中看出上市公司是好是坏，就不能盲目地进行投资。

为什么巴菲特投资赚的钱比别人都多？"别人喜欢看《花花公子》杂志，而我喜欢看公司财务报告。"

市场原则：相关的两个成本指导方针

投资的本质和其他生产行为一样，都是购入原料——股票，追加资本——长期持有股票，获得利润——股息。然而相对于商品生产，股票投资的利润更难以估计，所以投资者可以进行逆向思维，从成本控制上来增加投资的利润空间。巴菲特投资策略遵循的原则中，重要的一条就是通过成本控制来提高利润。

◎ 如何判断企业的实质价值

公司拥有者很清楚地知道自己公司到底价值如何，并且每年对外通过财务报表公布自己公司的价值，而在股市上，每一家公司都有自己的价值估定，然而，公司拥有者掌握的价值、对外公布的价值、股市估算的价值，一般情况下并不一致。投资者只能自己来判断企业的实际价值了。

价值评估，是资本市场参与者对一个企业在特定阶段价值的判断。对非上市企业，尤其是创业企业的估值谈判，极富挑战性。其过程和方法，隐藏着一些不为常人所知的奥秘。

一些传统创业者往往错误地认为：VC一定会要求自己的企业拥有多少固定资产、多少净资产，以此权衡企业是否具有投资价值。按照他们的一般思维，将会计报表上的各项权益加总，就得到了企业的“总价值”，最多，再在净资产的基础之上溢价。然而，对于很多初创企业，或者对于没有太多净资产的成熟企业来说，融资的时候常常会出现困惑：估值多少，才会让VC接受，而自己又不“吃亏”呢？

小故事

游艇俱乐部的估值

A游艇休闲俱乐部创立了1年左右，根据对外公布的财务报表可知，创业者已经投资2亿元，并进行了一些前期规划、关系梳理、海域租赁等方面的工作。但是，因为企业目前没有发展会员，也就没有任何业务收入。因为前期投入和市场展望，该俱乐部发行了价值2.5亿元的股票，并且在一段时期内股票价值上升到3.5亿元。然而经过半年的狂飙后，投资者全部被套牢，而俱乐部也出现资产直接缩水的情况。原因就是，投资者哄投是因为市场的估价过高，而大部分投资者并没有通过事先的调查了解到这一点。

另外，有些早期企业可能已经投入了很多资金，但业务还是没有开展起来。于是，创业者便认为：我的企业价值，至少要比我已经投入的资金多！

然而，资本市场上的VC却不是这种思维。VC并非单纯购买企业的资产，更不会承担企业已经发生的成本。他们看重的，是企业未来的盈利能力（潜在盈利能力）以及企业成长空间。所以，在VC眼中，企业的价值绝不是简单的“权益的加总”，或投入的“沉没成本”。因此，VC通常用“P/E倍数”（见下文）的方式对企业估值，或用现金流贴现方式对企业估值，而非简单的“权益加总”。

其实，企业在和VC进行估值谈判时，完全可以忽略各种看似纷繁复杂的财务估值方法，创业者自己应该先认真地自问：企业是不是一定需要VC的资金？没有这笔资金企业就无法成长或者经营下去了吗？另外创业者还需要换位思考：如果VC不投资你的企业，那企业是不是经营不下去？VC的资金是不是没有其他地方可以投资了？

◎ 投资者价值估算的前提——价值回报

巴菲特通常以“投资回报倍数”进行估值。

巴菲特对早期投资项目的回报要求是10倍，对扩张期和后期投资项目的回报要求是3～5倍。在10倍利润设定中，巴菲特作出了这样的分析：

4个失败；

2个打平或略有盈亏；

3个2～5倍回报；

1个8～10倍回报。

当然每一个投资者都希望所投资的企业能成为下一个微软、下一个阿里巴巴。然而，现实就是这么残酷，投资者只有极微小的概率会碰上回报率增长千百倍的企业，所以投资者应该更加小心谨慎地选择回报在10倍左右的股票。

投资估值的几个误区

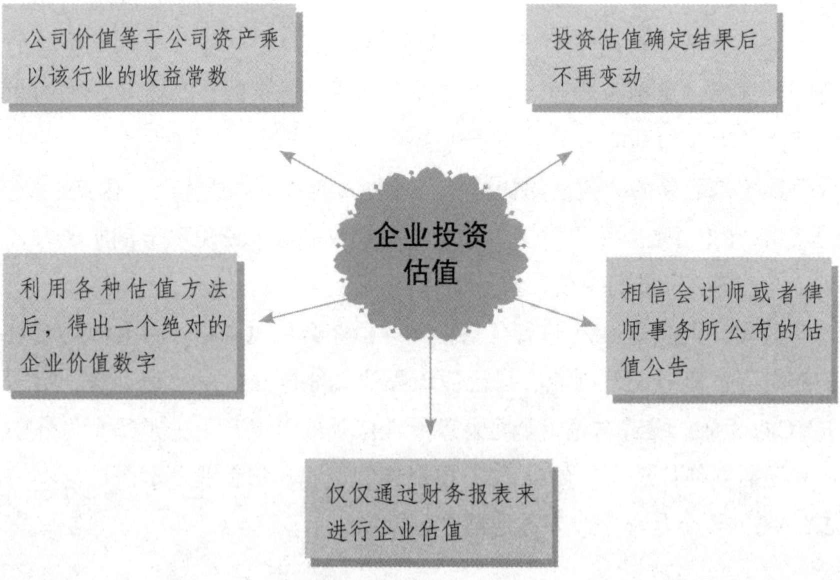

假设：投资者投资一个早期企业——初始价值为1亿美元。4年后，该企业以10亿美元上市或被并购（这是目前类似企业上市或并购的平均估值），并且假设期间没有后续融资。运用“10倍回报”的原则逆推，我们可以分析出，这笔投资是成功的投资。然而考虑到后期追加投资、货币贬值和市场风险的问题，这次投资只能算是一次小小的成功。

案例

笔者曾为B医药技术公司操作第一轮VC融资（约500万美元）。该公司在找笔者寻求融资顾问服务之时，正在和知名风险投资公司L Capital谈投资事宜，但尚未进入实质性谈判阶段，VC经过6个月的调研、沟通后，仍未表达明确的投资意向。笔者接受B公司委托后，在1个月之内，将其推荐给国内最知名的几家风险投资公司（美元投资基金），这些风险投资公司都表示出了极大的兴趣，其中S基金在和B公司创始人见面的第二天就出具了投资意向书，他们甚至愿意投资1000万美元，P/E估值倍数为10倍。另外，G基金报价也是1000万美元左右，但给企业的P/E估值倍数为14倍！这个倍数是在国内VC投资领域比较罕见的高倍数。

当然，这些消息没有逃过L Capital的眼睛。他们很快就找B公司创始人，立刻出具了一份非常优惠、态度友好的投资意向书。虽然价格比S基金和G基金都低，但在其他条款上非常宽松，而且创业者也认为L Capital的合伙人比较容易沟通，也不“贪婪”，最为重要的是，L Capital的国内资源可以对B公司业务有更多的帮助。

最终，B公司——这个被VC追捧的香饽饽，经过综合权衡，选择了L Capital这个相对满意的合作伙伴。

◎ 估值的根本规律

所有投资者在开始投资的时候，就已经开始考虑退出的问题了。他们想知道如果公司以5000万、1亿、5亿美元甚至更高的价格出售的话，

小故事

投资的限制

对于大部分的软件和互联网公司，投资额通常是200万～600万美元，如果公司有不错的团队和其他吸引人的地方，那该公司的融资额可能是上限（600万美元）。所以，VC是不会给你一个2000万美元的投资前估值，并给你那个卖狗粮的网站投资2000万美元的。他们很聪明，不会给公司过高的估值，除非公司能够证明自己的价值及风险或回报水平的合理性。如果很多VC都告诉你，他们认为你的融资额不能或不应该融超过400万美元的话，那么你也就知道了你在市场上合适的融资额度，相应的，你也可以缩小公司估值的范围。

他们分别能够获得多少回报？（创业者不需要帮VC计算回报的事情，他们自己会算的。你可以私下算算，但如果你信誓旦旦地告诉VC他们投资你能够赚多少多少钱，那你会被VC看作天真。）这个回报依赖于他在退出时持有的股份比例。要注意的是，早期投资的VC，他的股份比例通常是会被稀释的，因为公司会进行后续的融资。如果早期投资的VC要维持其股份比例，在公司的后续融资中，也需要持续投入对应的资金。

VC也会考虑管理团队的股份比例。好的团队成员会有许多找到好工作的机会，VC要确信公司的管理团队有合适的激励措施，能够帮助公司成长。基本上，一个重要的创始团队成员，在公司实现投资退出的时候，还需要持有足够比例的股份，以保证他获得的收益比在大公司工作5年挣的薪水要多一些（最好是多得多）。VC不能让管理团队的股份比例被稀释到没有动力的地步。VC需要提前考虑公司后续融资的需求，并预测出管理团队在退出时能够保留的股份比例。实际上，VC最关注的是CEO和最重要的技术创始人的股份问题（如果他们不是同一个人的话）。

◎ 当估算价值高于股票价格

巴菲特使用约翰·威廉姆斯（ John Williams ）的《投资价值理论》（ *Theory of Investment Value* ）所提出的：企业的价值等于运用适当的贴现率，折算和预期在企业生命周期内，可能产生的净现金流量。企业价值的计算类似评估债券价值的模式。债券未来的现金流量可分成每期息票支付的利息，以及未来债券到期返回的本金两部分。

使用适当的变量：了解现金流量和预期的贴现率，评估公司价值就很简单。如果他对预估企业未来的现金流量没有十足的把握，就不会试着去评估一家公司的价值。如果企业简单且能了解，并拥有稳定的盈余，巴菲特就能够以适度的确定性来预测未来的现金流量。

Easy-going

巴菲特说：只要企业的股东权益报酬率充满希望并令人满意，或管理者能胜任其职务而且诚实，同时市场价格也没有高估此企业，那么他相当满足于长期持有任何证券。

从短期来看市场是个投票机器，从长期来看则是个称重器，他乐于忍耐。手上握有的股票一定要比现金好，否则它就不是一个好的投资。

一旦巴菲特预测出了企业未来的现金流量，接着就是用贴现率将其折现。巴菲特使用的贴现率，是美国政府的长期债券利率。

巴菲特拒绝购买那些具有负债问题的公司，只将注意力集中在盈余稳定且可预测的公司上。他说："我将确定性看得很重，所有造成风险的因素对我而言都没有意义，风险来自于你不知道自己在做什么"。

持续购买低本益比（P/E）和价值比（P/B）以及高股利的人，通常被称为"价值投资人"。主张以选择在盈余上有高平均成长的公司，来估算公司价值的人，则称为"成长投资人"。一般来讲，成长中的公司通常具有较高的本益比和较低的股利，而这些财务特值与价值投资人所希望寻找的刚好相反。

寻找购买价值的投资人，通常必须在“价值”与“成长”之间来选择股票。巴菲特说：成长与价值的投资其实是相通的，价值是一项投资其未来现金流量的折现值，而成长只是用来决定价值的一项预测过程。

在投资资本报酬率高于平均水平的时候，成长可以增加投资的价值。确保每投资一块钱，至少就能增加一块钱的市场价值。而成长对于一家资本报酬率不高的公司股东而言，可能会反受其害。

巴菲特指出：将注意力集中在容易了解和具有持久的经济力量基础，且把股东放在第一位的管理者所管理的公司上，并不能保证成功。首先，他先须以合理的价格购买，同时公司必须符合他对企业的期望。

巴菲特承认，如果犯错，则是因为下面三个地方出了问题：（1）我们所支付的价格；（2）我们所参与的经营管理；（3）企业未来的经济状况。他指出，错误的估计最常发生在第三个原因上。

巴菲特的意图，不但要辨认出可以赚得高于平均收益水平的公司，还要在价格远低于其实质价值时购买这些企业。

如果股票市场确实过于高估某一家企业，巴菲特就会将其股票卖出。如果他需要现金以购买别家可能被过分低估或是具有同样价值的股票，但他更了解这家企业，将会出售价值公道或被低估的证券以变现。

当人们对一些大环境事件的忧虑升到最高点时，事实上也就是我们做成最佳交易的时机。恐惧是追赶流行者的大敌，却是看重基本面的财经分析者的密友。

当巴菲特从事投资的时候，他会观察一家公司的全貌，而大多数投资人只是观察其股价而已。世故者改变自己来适应这个世界，而特立独行者却坚持尝试要改变世界来适应自己。因此所有的进步都仰赖后者来促成。巴菲特自始至终，都将投资视为一种企业经营活动，而以一般常识作为他的投资哲学。

依照巴菲特的理论，投资人及企业家应该以同样的方法来观察一家公司，因为他们实际上想要的东西是相同的，企业家希望买下整个公司，而投资人希望购买公司部分的股票。如果你问一个企业家，当他购买一家公司的时候，他所想要的是什么，答案经常是：这家企业能产生多少现金？公司的价值和它的现金产生能力之间有直接的关联，理论上，企业家与投资人为了要获利，应该要注意相同的变量。

委托人要求专业投资人报告绩效，在等候他们的投资组合达到某一价格时，经常显得不耐烦。如果他们的投资组合并未出现短期的价格上涨，委托人将表现出不满和怀疑他们在投资上的专业能力。专业投资者知道他们必须在改善短期绩效，或冒着损失客户的风险之间做出选择，于是开始陷入“追涨杀跌”的旋涡中。

巴菲特认为使用短期价格来判断一家公司的成功与否是愚蠢的，取而代之的是他要公司向他报告因经济实力增长所获得的价值，一年中他固定检查几个变量：

（1）初始的股东权益报酬率；

（2）营运毛利，负债水平与资本支出的变化；

（3）该公司的现金产生能力。

投资实战

理论背景

步骤一：不理会股票市场每日的涨跌。

步骤二：不担心经济形势。

步骤三：买下的是一家公司，而不是股票。

步骤四：管理企业的投资组合。

投资进行

股票市场是狂热与抑郁交替发作的场所，有的时候它对未来的期望感到兴奋，而在其他时候，又显出不合理的沮丧。这样的市场行为创造出投资机会，特别是杰出企业的股价跌到不合理的低价时。股票市场并不是投资顾问，它存在只是为了帮助买进或卖出股票罢了。

如果你打算拥有一家杰出企业的股份并长期持有，但又去关注每一日股市的变动，是不合逻辑的。你将会惊讶地发现，不去持续注意市场变化，你的投资组合反而会变得更有价值。

选择并拥有那些有能力在任何经济环境中都能获利的企业，时间将被更聪明地运用。而不定期地短期持有股票，只能在正确预测经济发展趋势时，才可以获利。

你无法对企业的未来做出准确的预测，除非你了解它如何赚钱。投资人在投资股票时，经常对于一家公司如何产生销售、费用、利润率没有任何线索。最值得拥有的企业，是长期拥有最佳远景，且拥有市场特许权（产品具有独占性及差异性）的企业。市场特许权是指销售产品或者顾客想要的服务，市场中没有类似的替代品，持有大量经济上的优势。

企业产生现金的能力决定了它的价值，巴菲特找出那些产生并超过营运所需现金的公司，而将不断消耗现金的公司排除在外。

投资分析

巴菲特提供了一份较为正确的计算方式，他称之为“股东盈余”。决定股东盈余的方法是将折旧、耗损和分期摊销的费用加上净利，然后减去那些公司用于维持其经济状况和销售量的资本支出。

高毛利率反映出经营者控制成本的能力，巴菲特欣赏注意成本观念的经营者，而憎恶放任成本不断扩大的经营者。

推动巴菲特投资策略的主力，在于资金的理性分配，而决定如何配置一家公司的盈余，是经营者要做的最重要的决定。做投资选择时展现的理性思维是巴菲特最推崇的品质。